LE RÈGNE ANIMAL

Sommaire

Cette paire de jumelles que vous retrouverez à de nombreuses pages du livre fait référence à un encart (en italique dans le sommaire), à un gros plan sur une information particulière.

Les oiseaux   80

Direction éditoriale : Galia Lami Dozo - van der Kar
Rédaction : Bernard De Wetter
Conception graphique et mise en page : Roland Nellissen
Lecture-révision : Marie Sanson
Couverture : Cécile Marbehant

Crédits photographiques :
123RF Limited, JupiterImages Corporation, www.fotolia.fr, www.hlasek.com, Stockbyte, DigitalVision, PhotoDisc, PhotoThema, Corbis, Comstock, Eyewire
Wildlife Pictures : Doug Allan (OSF), Ant (NHPA), Deeble-Stone (OSF), N. Dennis , F. Desmette, X. Eichaker (Bios), M. Fodgen (OSF), H. Frike (Bios), R. de la Harpe , OSF,
Hermansen Paal, D. Heuclin (NHPA/Bios), Klein-Hubert, Y. Lanceau (Phone), P. Lebeaux, Murawski/P. Arnold, P. Pickford/NHPA, JP. Sylvestre (Bios), T. Ulrich (OSF), H. Willocx.

Les poissons   **182**

Les insectes   **222**

Le règne animal

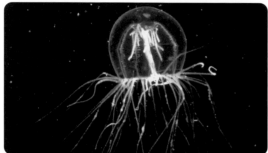

Quel miracle a donné naissance à la première créature vivante dans ce que les savants ont appelé la « soupe primitive » ? En dépit des recherches les plus poussées utilisant les technologies les plus avancées, les scientifiques n'ont pas encore apporté de réponse unanime, claire et précise à cette question fondamentale...

Pourtant, ce qui caractérise aujourd'hui notre planète, ce qui la rend totalement différente par rapport aux milliers d'autres planètes et aux millions d'astres et autres objets célestes que la science a déjà découverts, c'est précisément cette profusion de formes de vie...

Toutes les formes de vie sur Terre sont l'aboutissement d'une évolution qui s'est poursuivie en permanence depuis plus de quatre milliards d'années. Quatre milliards d'années durant lesquelles la vie a sans arrêt franchi de nouvelles étapes, multiplié les espèces. La vie elle-même a été plusieurs fois remise en question : elle a connu au cours de son histoire plusieurs vagues d'extinctions massives, dont certaines ont provoqué la disparition de plus de 90 % des espèces animales.

L'évolution est toujours en marche à notre époque : les espèces que nous connaissons, dont la nôtre, sont les héritières d'ancêtres lointains mais sont elles-mêmes les ancêtres lointains de nouvelles espèces qui naîtront dans le futur. Un futur que notre cerveau – pourtant le plus performant de toutes les espèces animales – est totalement incapable d'imaginer et de visualiser.

Toutes les créatures vivantes qui peuplent la Terre sont réparties en plusieurs « règnes » par les scientifiques : le règne animal est celui qui rassemble la totalité des espèces d'animaux. La vie animale se présente sous une diversité incroyable, depuis les simples vers de quelques grammes jusqu'aux géants absolus que sont les grandes baleines dont le poids se chiffre en centaines de milliers de kilos.

Tous les animaux, sans la moindre exception, ont au moins deux choses en commun : ils naissent un jour, puis finissent par mourir au terme d'une existence qui peut aller de quelques jours à plus de cent ans. Mais entre ces deux étapes immuables, des différences infinies existent dans le parcours suivi par chaque espèce : la façon dont chaque animal vient au monde et le découvre, l'enseignement qu'il reçoit – ou non – de ses parents, sa capacité à mémoriser des situations et à utiliser ce savoir pour la suite de son existence, la nourriture qu'il consomme et les astuces qu'il développe pour se l'approprier, la façon dont il se protège de ses ennemis, comment il dort, affronte le chaud ou résiste au froid, les outils dont il dispose pour appréhender son environnement, la façon dont il se déplace, s'accouple et assure le futur de son espèce, ses relations avec le milieu dans lequel il vit et l'influence qu'il exerce sur celui-ci... C'est toute cette diversité inépuisable du Règne animal que nous nous sommes attachés à présenter dans cet ouvrage.

Quelles sont les caractéristiques communes à tous les mammifères ? D'où viennent les oiseaux ? Comment reconnaît-on un reptile d'un amphibien ? Comment les insectes prennent-ils conscience de ce qui se passe dans leur environnement proche ? Toutes ces questions et bien d'autres sont expliquées en dressant le « portrait de famille » des animaux présentés dans chaque chapitre.

Nous avons choisi de présenter les différentes catégories d'animaux en « marche arrière » par rapport à leur entrée respective sur la grande scène de la Vie, en commençant par les mammifères, pourtant les derniers-nés parmi les animaux, pour terminer par les invertébrés, dont certains peuplaient la planète des centaines de millions d'années avant que n'apparaissent les mammifères. C'est que ces derniers nous sont sans aucun doute les plus proches, et nous avons donc voulu nous attarder davantage sur les caractéristiques qui font de ces animaux ce qu'ils sont.

La stupéfiante diversité des espèces, leurs merveilles de formes et de couleurs, l'ingéniosité des comportements de défense ou d'attaque, les mille et une adaptations particulières mises au point par l'évolution, les relations entre les différents acteurs d'un même jeu ou d'un même drame, les éléments qui font d'un animal ce qu'il est et qui influencent son mode de vie, sont tellement nombreux et variés qu'il eût été tout à fait possible de rédiger un ouvrage du même format – voire plus grand – pour chacune des catégories animales que nous présentons.

Nous nous sommes donc efforcés de sélectionner les informations les plus étonnantes ou les plus intéressantes, en tâchant de donner une vue d'ensemble aussi complète que possible de chaque groupe d'animaux, tout en étant conscients qu'il ne s'agit là que d'un survol plus ou moins exhaustif.

Classifier les animaux

Depuis des siècles, les naturalistes ont essayé de classifier les espèces animales. «Classifier», c'est placer chaque espèce au sein d'un groupe qui rassemble les autres espèces issues d'un ancêtre commun selon leurs similitudes. C'est au Suédois Carl von Linné que l'on doit les bases de la classification animale (en 1758).

Mais cette classification universelle a été contestée par la suite et se voit aujourd'hui bouleversée avec la poussée de la génétique qui a permis d'analyser le code de l'ADN (code héréditaire). Selon certains savants, reptiles et oiseaux seraient ainsi à regrouper en une seule classe, celle des «Sauropsides», et cela n'est qu'un exemple parmi d'autres des bouleversements que connaît la classification des espèces.

Afin de faciliter la tâche au lecteur, nous avons regroupé les espèces suivant l'ordre «classique» : mammifères, oiseaux, reptiles, amphibiens, poissons (tous les poissons, qu'ils soient osseux, cartilagineux ou archaïques), insectes et autres invertébrés (pour des raisons de facilité, nous avons considéré les insectes séparément des autres invertébrés). Nous avons volontairement limité les informations relatives à la classification scientifique aux cas où des informations à ce sujet nous paraissaient judicieuses ou indispensables.

Les mammifères

Les oiseaux

Les reptiles

Les amphibiens

Les poissons

Les insectes

Les autres invertébrés

Les mammifères

Un « règne » récent

Il y a environ 60 millions d'années, la Terre connut une période de bouleversements climatiques qui allaient mettre un terme au long règne des reptiles. Libérés de la concurrence avec les dinosaures auxquels ils n'avaient jamais pu faire face, profitant des conditions idéales qu'offrait un climat leur convenant mieux, des animaux qui avaient vécu dans l'ombre des reptiles géants saisirent leur chance et se mirent à prospérer : les mammifères.

Tous les mammifères descendent probablement de reptiles à l'aspect de lézard et de la taille d'un rat, les Synapsidés. Ils apparurent à peu près en même temps que les dinosaures, mais durent se contenter de vivre d'une manière discrète aussi longtemps que les grands reptiles dominaient la scène. Profitant de la disparition de ceux-ci, ils se mirent à créer de nouvelles espèces et à se répandre sur l'ensemble des terres émergées ou presque. L'âge d'or des mammifères avait commencé...

Pendant longtemps, les mammifères s'étaient satisfaits de tailles modestes : Eohippus, l'ancêtre de tous les chevaux, avait la taille d'un chien fox-terrier, Hyrachius, l'ancêtre probable des rhinocéros actuels, celle d'un chien de berger. Comme s'ils cherchaient à prendre leur revanche, ils connurent ensuite une période de gigantisme : l'époque des titanothères, genres de rhinocéros primitifs longs de 5 m, de Castoroïdes, un castor dont la taille atteignait la moitié de celle d'un ours, de Megatherium, un paresseux de 6 m ou encore de Paraceratherium, le plus grand mammifère terrestre connu ayant jamais vécu, qui mesurait plus de 5 m de haut et 7 m de long ! Les périodes glaciaires qui débutèrent il y a environ un million d'années eurent raison de tels géants et mirent fin à l'âge d'or des mammifères : de nombreuses espèces disparurent.

Les mammifères ne sont pas les animaux les plus nombreux sur notre planète, que ce soit en nombres d'espèces ou en nombres d'individus : avec leurs quelque 4500 espèces, ils font piètre figure par rapport aux insectes, aux reptiles ou même aux oiseaux. Mais c'est parmi eux que l'on trouve les animaux les plus évolués, ceux qui possèdent les formes d'intelligence les plus développées. Et de tous les animaux, ce sont eux qui nous paraissent les plus proches, pour des raisons d'affinités évidentes et de parenté incontestable...

Avant tout terrestres

Les mammifères se sont adaptés à la grande diversité d'habitats que leur offre la terre ferme, des luxuriantes forêts tropicales aux arbres gigantesques jusqu'aux étendues arides et désolées des déserts, en passant par les zones rocheuses des hautes montagnes, les grandes plaines ouvertes de la steppe herbeuse, les côtes marines… Ils ne sont absents que des îles perdues au beau milieu des océans (mais des espèces comme les rats, les chats, les chèvres ou les mangoustes y ont souvent été introduites par l'homme à une époque récente).

L'ours polaire, le renard polaire, le bœuf musqué, plusieurs espèces de phoques et d'otaries ont même réussi à s'adapter aux rudes conditions polaires, tandis que les marmottes et d'autres petits rongeurs partaient à l'assaut des hautes montagnes. Tous parviennent à survivre dans ces environnements hostiles où résister au froid tient presque du miracle et s'alimenter relève parfois du défi !

Abandonnant le monde terrestre, toute une série de mammifères sont retournés vers le milieu marin d'où étaient sortis leurs lointains ancêtres : un environnement qui leur offrait des avantages tels que l'abondance de nourriture et l'absence relative de prédateurs.

Certaines loutres, les phoques, les otaries, le morse et les autres pinnipèdes sont intimement liés au monde marin dans lequel ils cherchent leur nourriture et passent une bonne partie de leur existence. Mais ils n'ont pas totalement quitté la terre ferme, qu'ils regagnent à des intervalles plus ou moins réguliers pour se reposer, muer ou se reproduire.

▼ ours polaire

La gracieuse vigogne s'est adaptée au milieu aride et souvent glacial des hauts plateaux andins. On trouve l'espèce jusqu'à plus de 4 000 mètres d'altitude.

Si elles cherchent leur nourriture en mer, les otaries, tout comme les phoques, doivent regagner la terre ferme pour se reposer et se reproduire.

▼ otarie de Californie

Les seuls mammifères que l'on peut qualifier de réellement marins sont les cétacés (baleines, dauphins et marsouins, au total près de 80 espèces) et les siréniens (lamantins, dugong), qui se sont adaptés au milieu aquatique au point de ne plus jamais revenir sur la terre ferme de toute leur existence. Les uns fréquentent uniquement les zones proches des côtes (siréniens, certains dauphins et marsouins) tandis que d'autres errent en vagabonds éternels à travers les immensités océaniques (la plupart des grandes baleines) : mais tous se nourrissent, se reposent et se reproduisent entièrement dans l'eau.

grand dauphin ▼

Mammifères des airs, mammifères souterrains

▲ taupe

Un certain nombre de mammifères vivant dans les grands arbres des forêts ont développé entre leurs membres des membranes de peau qui leur permettent, lorsqu'ils les tendent, de se déplacer d'un arbre à l'autre en passant par les airs. C'est notamment le cas des golugos et des célèbres écureuils volants, que l'on trouve dans plusieurs régions tropicales, mais aussi en Amérique du Nord. Ces mammifères ne sont pourtant pas en mesure de réellement voler, puisqu'ils se contentent de planer sans pouvoir prendre de la hauteur.

Les seuls véritables mammifères volants sont les chauves-souris. Leurs membres ont subi une transformation importante et elles possèdent de larges membranes de peau entre les doigts, qui font office de véritables ailes. Les chauves-souris, dont on compte plus de 900 espèces dans le monde (insectivores, frugivores, nectarivores), maîtrisent l'art du vol aussi bien que les oiseaux. Certaines effectuent des migrations annuelles de plusieurs

milliers de kilomètres : la chauve-souris cendrée migre ainsi chaque année entre le Canada et le Mexique, un périple de plusieurs milliers de kilomètres qu'elle effectue à une vitesse moyenne de... 20 km/h !

À l'opposé de la vie en hauteur, d'autres mammifères ont choisi de mener une vie des plus discrètes, sous la terre. Les taupes n'ont pas l'exclusivité de ce mode de vie : d'autres espèces telles que les campagnols ou les rats-taupes d'Afrique ont des mœurs assez semblables. Totalement adaptés à ce mode de vie dans l'ombre, ces mammifères ne reviennent généralement à la surface que pour évacuer la terre des galeries qu'ils creusent ou en cas d'événements exceptionnels tels qu'inondations, etc. Ils possèdent pour la plupart des yeux très petits, la vue ne leur étant pas d'une grande utilité dans leur monde des ténèbres souterrain.

▼ roussettes

Quelque chose en commun

Aussi différents puissent-ils être – ou paraître –, les mammifères ont pourtant un certain nombre de caractéristiques en commun. Une seule de celles-ci s'applique à tous les mammifères sans aucune exception et rend ces animaux uniques : ils nourrissent leurs petits durant les premiers stades de leur vie à l'aide de lait produit par la mère.

Abreuvés de ce liquide extrêmement riche, nutritif et disponible pour ainsi dire à tout moment, les jeunes des mammifères sont placés dans les meilleures conditions pour grandir et se développer, en profitant de la sécurité et de l'apprentissage offerts par la mère (ou, chez certaines espèces, par les deux parents, voire par l'ensemble du groupe social). La mortalité chez les jeunes s'en trouve réduite, ce qui permet aux mammifères de ne mettre au monde qu'un nombre de petits très limité par rapport aux reptiles, aux poissons, aux insectes et même à la plupart des oiseaux.

▼ léopards

cochons domestiques ▲

zèbres de Burchell ▼

25

Des mammifères restés primitifs

▲ opossums

Chez la grande majorité des mammifères, les petits se développent entièrement à l'intérieur du corps de la femelle et viennent au monde sous leur forme définitive. Mais chez les marsupiaux (kangourous, wallabys, koalas...), le petit naît sous forme de larve et effectue les derniers stades de son développement accroché à une mamelle dans la célèbre poche du ventre de la mère, avant d'en sortir complètement formé au bout de quelques semaines ou quelques mois.

La taille de la larve est parfois insignifiante comparée à celle de la mère : la larve du kangourou géant, dont les adultes peuvent dépasser 1,80 m, ne mesure que 2 cm environ et ne pèse que quelques grammes ! Le nouveau-né reste près de 8 mois dans la poche maternelle : quand il en sort, il pèse environ 5 kg.

Les monotrèmes (l'ornithorynque et les échidnés) sont plus étonnants encore. Ce sont les seuls mammifères à pondre des œufs, comme le faisaient leurs lointains ancêtres reptiles. Les œufs, souples, sont couvés par la femelle pendant quelques semaines, comme chez les oiseaux, avant d'éclore. Après l'éclosion, la mère nourrit les petits à l'aide de son lait : mais contrairement à tous les autres mammifères, les femelles monotrèmes ne possèdent pas de mamelles. Le lait suinte sur leur ventre par des glandes situées sous la peau, pour être léché par les petits.

▲ ornithorynque

▲ échidné

L'Australie est la « patrie » de la majorité des mammifères marsupiaux, dont plusieurs espèces se trouvent aussi sur le continent américain (opossums, rats marsupiaux...). Les monotrèmes ne se trouvent qu'en Australie, en Tasmanie et en Nouvelle-Guinée. C'est l'isolement de l'Australie pendant près de 70 millions d'années qui explique la présence d'un grand nombre de ces mammifères primitifs. À l'abri de la concurrence d'autres mammifères plus performants, les monotrèmes n'ont pas eu besoin d'évoluer davantage.

Couverts de poils

Une autre distinction importante entre les mammifères et tous les autres êtres vivants est qu'ils sont les seuls à posséder des poils véritables. Les « poils » qui recouvrent le corps de beaucoup d'insectes et de certains autres invertébrés comme les araignées ne sont que des productions de l'épiderme (couche externe de la peau), tandis que chez les mammifères ils émanent du derme (couche interne de la peau).

La couverture de poils des mammifères, qu'il s'agisse du manteau velouté des taupes, de la toison laineuse des moutons, de la robe courte et raide des chevaux ou de la fourrure copieuse du vison joue un rôle important en les aidant à stabiliser leur chaleur corporelle. Ces poils se renouvellent (mues) durant toute la vie des animaux, soit de manière régulière (aux changements de saison), soit en permanence. La densité du pelage est plus ou moins abondante suivant les espèces : le castor, par exemple, possède de 18 000 à 23 000 poils au centimètre carré !

Certains mammifères tels que l'hermine et le lièvre arctique changent complètement de pelage à l'entrée de l'hiver et au retour du printemps. Pour mieux passer inaperçus dans la neige, ils deviennent entièrement blancs, à l'exception de la pointe de la queue qui reste noire chez l'hermine. Ils ne redeviennent brun-gris qu'à la mue printanière suivante. Chez d'autres, le pelage change pendant la croissance : les petits du semnopithèque rubicond (un singe arboricole des forêts de Bornéo) ont le pelage rouge fauve éclatant pendant les premiers mois de leur vie, puis il vire au gris argenté, comme celui des adultes.

▼ bœufs musqués

▲ lièvre variable

▼ castor

Des mammifères sans poils

Certains mammifères n'ont pas de poils ou n'en possèdent qu'un très petit nombre répartis de manière inégale sur le corps. Les pachydermes (éléphants, rhinocéros, hippopotames...), mais aussi certains cochons sauvages ou encore les morses, les éléphants de mer et d'autres pinnipèdes sont sans doute les exemples les mieux connus de mammifères au pelage très sobre.

Les cétacés ont depuis longtemps perdu toute toison, qui n'aurait pu que les freiner dans leurs ébats aquatiques. Pour résister au froid de l'eau, ces mammifères marins ont développé une épaisse couche de graisse (« lard ») située sous la peau et qui fait office d'isolant thermique. La couche de lard de certains grands rorquals peut atteindre près de 40 cm d'épaisseur. Elle sert également de réserve d'énergie durant les périodes de l'année où ces animaux se nourrissent moins, comme la période de la mise bas des petits. Les phoques et les otaries ont développé une adaptation semblable.

Quelques rares mammifères terrestres ont troqué leurs poils contre les épines ou les écailles. Les hérissons qui fréquentent nos jardins, tout comme les porcs-épics des régions plus chaudes et les échidnés

▼ rhinocéros noir

porc-épic ▼

d'Australie, ont le dos hérissé d'un tapis de piquants qu'ils sont capables de dresser pour décourager tout agresseur et qu'ils peuvent même enfoncer dans le corps de ceux-ci, leur infligeant de cruelles blessures. Les pangolins et les tatous se sont équipés d'un genre de blindage constitué d'écailles ou de plaques cornées, qui leur offre une protection efficace contre leurs ennemis : menacés, ces mammifères surprenants se roulent en boule ou s'aplatissent au sol, ne laissant apparaître qu'une cuirasse dure qui décourage la majorité des prédateurs.

pangolin ▼

Un même fonctionnement

À l'intérieur du corps, les mammifères ont aussi plusieurs éléments en commun : le nombre d'os de leur crâne est moins élevé que chez les autres vertébrés ; chaque moitié de la mâchoire intérieure n'est constituée que d'un seul os ; ils possèdent des dents différentes adaptées à des usages particuliers (canines, incisives, prémolaires, molaires) ; le cœur fonctionne séparément du système pulmonaire ; le nombre de vertèbres du cou est identique (sept vertèbres, à quelques exceptions près comme chez les paresseux ou les lamantins).

▼ lamantin

▲ babouin hamadryas

▼ tigre

▼ jeune paresseux à trois doigts

Le sonar des mammifères

Quelques mammifères ont développé un instrument de navigation et de chasse très perfectionné : le sonar. Les ultrasons (des sons que l'oreille humaine ne peut entendre) émis par ces animaux offrent un avantage sur la vue : ils permettent de repérer les obstacles et de localiser les proies dans l'obscurité, qu'il s'agisse de l'obscurité de la nuit ou des grottes (pour les chauves-souris) ou de l'obscurité des profondeurs marines (pour les cétacés).

Les chauves-souris insectivores utilisent le sonar surtout pour localiser les insectes dont elles se nourrissent en plein vol. Les ultrasons qu'elles émettent peuvent être produits dans le larynx et « hurlés » par la bouche ou bien émis par le nez spécialement adapté à cette fin.

▼roussette

Le sonar des cétacés est plus développé encore que celui des chauves-souris. Grâce à leur système d'écholocation, les cétacés peuvent dresser une sorte de « carte mentale » de leur environnement.

Les dauphins sont capables de distinguer un poisson particulier dans un banc et de « scanner » l'intérieur des êtres vivants de taille suffisante, comme un plongeur.

Outre les chauves-souris insectivores et les cétacés, les musaraignes, par exemple, possèdent également un sonar, certes bien moins perfectionné.

▲ dauphin

Se servir de ses pattes

Avant de devenir mammifères, les mammifères étaient reptiles. Mais bien plus loin encore en remontant l'échelle du temps, leurs ancêtres étaient des poissons. Des quatre nageoires ventrales de ces ancêtres si lointains, les mammifères ont hérité quatre membres, les pattes.

Les quatre pattes des mammifères leur permettent de se déplacer avec aisance et parfois avec une rapidité surprenante. Si les champions absolus de vitesse du monde animal sont des oiseaux en vol, sur la terre ferme, les vainqueurs incontestés sont des mammifères, qui dépassent de loin à la course tous les autres animaux. Plusieurs espèces d'antilopes et de gazelles peuvent ainsi dépasser 80 km/h, et le guépard, le plus rapide des chasseurs, atteint des pointes de plus de 110 km/h, record qu'il n'est en mesure de tenir que sur de courtes distances.

D'autres mammifères, plus modestes peut-être quant aux vitesses de pointe, se rattrapent en endurance. Les gnous ou les rennes en migration peuvent marcher pendant plus de 24 heures d'affilée sans s'arrêter, une famille d'éléphants peut parcourir 60 km en une seule nuit et on connaît des meutes de loups ayant parcouru d'une seule traite plus de 100 km, en alternant la marche et le trot.

Les allures les plus typiques des mammifères en déplacement sont la marche, le trot et le galop. Le trot est l'allure la plus économique, leur permettant de soutenir une vitesse constante sur de longues distances.

▲ guépard

▼ impalas

▲ loup gris   ▼ zèbres de Burchell

Au trot ou à l'amble ?

Qu'ils soient en marche, au trot ou au galop, la plupart des mammifères avancent en même temps un membre de chaque côté (par exemple la patte avant gauche et la patte arrière droite). Quelques originaux ont pourtant préféré agir différemment, en avançant en même temps les deux membres d'un même côté: c'est le cas notamment des éléphants et des chameaux, qui ont une allure caractéristique. Ce type de marche, appelé l'amble, provoque un mouvement de roulis permanent que connaissent bien ceux qui ont effectué des randonnées à dos de dromadaire ou d'éléphant.

Pour trotter ou galoper, d'autres mammifères encore déplacent les deux pattes avant puis les deux pattes arrière en même temps : c'est le cas par exemple de la belette, qui se déplace rapidement en une succession de bonds, tandis que le lièvre, lui, bondit sur les deux pattes arrière mais pose les pattes avant l'une après l'autre à la fin du saut.

▼ lièvre variable

▼ dromadaires

▼ girafe

▲ chèvre des Rocheuses

Tous les mammifères ne marchent pas de la même façon, parce que toutes les pattes ne sont pas les mêmes. Les « plantigrades », comme les ours ou les primates – des marcheurs plutôt lents –, s'appuient sur toute la plante de leurs pieds et la paume de leurs mains. Beaucoup d'autres mammifères par contre marchent sur leurs doigts. Chez ces espèces, le talon – très allongé – est relevé en permanence : c'est le cas des canidés, des félins… D'autres enfin, tels les chevaux, les antilopes, les gazelles…, progressent aussi sur l'extrémité de leurs doigts qui ont été réunis et soudés pour former le sabot.

Les pattes des mammifères sont bien adaptées aux différents terrains que chaque espèce fréquente de préférence : les sabots des chevaux conviennent parfaitement pour soutenir une allure rapide sur des terrains plats, les sabots fendus et très fins des bouquetins ou des chamois agissent un peu à la manière de ventouses pour faciliter la marche sur les rochers. La large base du pied de l'ours polaire, tout comme les touffes de poils

▼ lynx boréal

entre les coussinets du pied du lynx augmentent l'adhérence sur la glace et la neige, tandis que le large « coussin » du pied des chameaux et des dromadaires facilite la marche dans le sable meuble. Les mammifères aquatiques, comme les loutres, les castors ou l'ornithorynque, possèdent des membranes de peau entre les doigts, pour améliorer leurs performances à la nage, tandis que chez les taupes, les pattes antérieures sont situées sur le côté du corps et sont munies de puissantes griffes très efficaces pour creuser les galeries.

Les membres des phoques et des otaries ont subi d'importantes transformations : ressemblant parfois autant à des nageoires qu'à des pattes, ils leur sont d'une grande utilité dans l'élément liquide, mais rendent les déplacements de ces mammifères sur la terre ferme assez pénibles. Les membres des véritables mammifères marins, dauphins et baleines, sont pareils aux nageoires des poissons et ne leur seraient plus d'aucune utilité s'ils devaient un jour reprendre pied sur la terre ferme.

▲ otarie à fourrure

▼ ours brun du Canada

Ils font des bonds...

Le mode de déplacement des kangourous est l'un des plus étranges chez les mammifères. Chez ceux-ci, les membres arrière sont bien plus développés que les membres avant. Lorsqu'ils avancent lentement, leur démarche est peu gracieuse : ils doivent s'appuyer à la fois sur leurs courtes pattes avant et sur leur queue robuste pour pouvoir soulever les pattes arrière et progresser d'un « pas ».

Mais à plus vive allure, ils se lèvent sur les membres postérieurs pour effectuer les bonds gracieux qui les ont rendus célèbres. Les plus grands kangourous peuvent effectuer des bonds de 8 à 13 m et s'élever ainsi de plus de 2,50 m en l'air.

Ce mode très particulier de locomotion par bonds est également pratiqué par d'autres mammifères bien plus petits, comme les gerboises, les gerbilles, les rats-kangourous et d'autres petits rongeurs qui vivent dans les zones arides.

kangourous roux ▶

▲ indri

Toute une série de mammifères, surtout des primates vivant dans les forêts tropicales, ne mettent pour ainsi dire jamais le pied à terre, passant toute leur existence dans les arbres où ils se déplacent avec agilité, soit en courant à quatre pattes sur les grosses branches, soit en se déplaçant de branche en liane, suspendus par les pattes avant. Leurs « jambes » sont généralement plus massives que leurs « bras », ces derniers servant surtout à s'agripper tandis que les premières supportent le poids du corps. Chez certains, comme les atèles, les singes laineux ou les singes hurleurs, la queue préhensile fait parfois office de véritable « cinquième membre ». D'autres mammifères arboricoles partagent avec les singes ce membre assez unique, par exemple les pangolins, la souris arboricole de Papouasie, le kinkajou…

Les paresseux des forêts d'Amérique tropicale passent eux aussi l'essentiel de leur vie dans les arbres, au point d'avoir presque perdu l'usage « terrestre » de leurs pattes : s'ils nagent parfaitement, ils ne peuvent se déplacer au sol qu'en rampant péniblement.

Si certains grands singes comme le chimpanzé et l'orang-outang se déplacent parfois sur les pattes arrière pour de courts trajets, et si d'autres mammifères comme notamment les marmottes et les suricates peuvent se tenir en équilibre vertical en se tenant debout sur les pattes arrière et sur la queue, l'homme est le seul et unique mammifère devenu entièrement bipède, ce qui a constitué une étape capitale dans son évolution.

◀ orangs-outangs

Pour rester au chaud

Maintenir la température corporelle est un besoin vital chez les mammifères, les seuls animaux avec les oiseaux à posséder ce que l'on appelle couramment du « sang chaud ». Le fait d'avoir une température interne stable permet aux mammifères d'être beaucoup plus actifs que la majorité des autres animaux, puisqu'ils disposent toujours de l'énergie intérieure nécessaire. Les scientifiques pensent que c'est ce qui leur a permis d'acquérir une supériorité sur les autres êtres vivants, notamment en développant des capacités du cerveau exceptionnelles.

▼ éléphant de mer

Changer de température

▲ marmotte

Les mammifères des régions froides ne peuvent quitter celles-ci à l'approche de la mauvaise saison, comme le font les oiseaux, équipés d'ailes. Ils parviennent à tirer profit des maigres ressources que leur offre la nature durant le long hiver : écorce des arbres ou lichens pour les herbivores, cadavres pour les carnivores. Néanmoins, certains, comme les rennes, entreprennent de longues migrations.

Certains mammifères des régions froides ont recours à une autre technique de survie. Ils s'endorment en attendant le retour des beaux jours : c'est ce que l'on appelle l'« hibernation ». Les plus célèbres de ces mammifères sont les ours et les marmottes, mais de nombreuses chauves-souris (notamment) hibernent elles aussi.

Pendant des mois, ils vont vivre sur les réserves d'énergie qu'ils ont accumulées dans leur corps sous forme de graisse ou grâce à la nourriture stockée dans leur gîte souterrain (rongeurs...). Certains se contentent de rester le moins actif possible sans vraiment s'endormir, tandis que chez d'autres le cœur ne bat plus que quelques fois par minute et la température du sang peut descendre jusqu'à quelques degrés au-dessus de zéro.

Le sang chaud permet de résister à des températures plus froides et d'affronter des conditions plus rudes, ce qui a aidé les mammifères à coloniser une bonne partie de la Terre. Mais toute médaille a son revers : pour maintenir leur température interne, les mammifères consomment beaucoup d'énergie. Ils sont donc obligés de remplacer celle qu'ils brûlent, en se nourrissant régulièrement : alors qu'un serpent peut rester des semaines sans chasser après avoir ingurgité une grosse proie et qu'une sangsue peut jeûner pendant des mois après avoir effectué un seul repas de sang, les mammifères ne peuvent en général se priver de manger plus de quelques jours.

▼ ours polaire

▲ tarsier

Les grands yeux du tarsier trahissent les mœurs nocturnes de ce petit primate d'Asie tropicale.

▲ macaques du Japon

Le macaque du Japon est un des rares primates à pouvoir supporter des températures froides. Vivant dans les montagnes de l'île d'Hokkaïdo, il se baigne en hiver dans des sources d'eau chaude.

Les cycles d'activités des mammifères varient d'une espèce à l'autre. Les plus petits sont comparativement les plus actifs : les musaraignes doivent se nourrir au bout de quelques heures, mais ne peuvent tenir un rythme actif plus de quelques heures avant de devoir se reposer à nouveau, de jour comme de nuit. Leur cœur bat jusqu'à 1 500 fois par minute et elles respirent jusqu'à 900 fois par minute ! À ce rythme, leur durée de vie est courte, certaines musaraignes ne vivent que quelques mois ! Les plus grands mammifères ont des cycles d'activités plus espacés : ils dorment le jour et s'activent la nuit ou le contraire.

Les cétacés sont des « dormeurs conscients » : obligés de revenir à la surface à intervalles réguliers pour respirer l'air à l'aide de leurs poumons, ils ne peuvent se permettre de s'endormir totalement. Tandis que la moitié de leur cerveau se repose, l'autre moitié reste en éveil.

Plus encore que la nourriture, l'eau est un besoin vital pour les mammifères. Leur corps est constitué d'au moins 70 % d'eau, qu'ils perdent progressivement par la transpiration, indispensable pour éviter que la température de leur corps ne s'élève dangereusement.

Manger ou être mangé

Les mammifères consomment une très grande variété d'aliments différents. Suivant leur mode d'alimentation, on les divise en plusieurs catégories : les carnivores (mangeurs de viande), les herbivores (mangeurs de végétaux) et les omnivores (alimentation aussi bien végétale qu'animale). Parmi les carnivores, certains (les piscivores) se spécialisent dans la consommation de poissons et autres animaux aquatiques, d'autres (les nécrophages) consomment surtout des cadavres.

▲ porc-épic

babouin vert ▼

Si tout le monde sait que les lions mangent de la viande et les gazelles de l'herbe, l'alimentation de nombreux mammifères est bien plus complexe. Les singes, par exemple, sont connus pour être des consommateurs de végétaux, mais la plupart d'entre eux consomment aussi de la matière animale : les gorilles aiment piller les colonies de fourmis et de termites, les chimpanzés et les babouins mangent des œufs lorsque l'occasion se présente ou tuent parfois de petits animaux pour les dévorer, et certains spécialistes pensent que l'orang-outang a besoin des protéines fournies par les insectes et autres petits animaux se trouvant sur les feuilles et qu'il ingère sans s'en rendre compte.

phacochères ▶

Le loup passe pour un mangeur exclusif de viande, mais dans certaines régions, notamment dans les zones arides d'Arabie et du Moyen-Orient, il consomme au moins autant de végétaux (par exemple, les melons sauvages du désert) que d'animaux. Et, contrairement à une croyance largement répandue, les hyènes ne se contentent pas uniquement de consommer des cadavres ou des proies tuées par d'autres animaux : dans certaines régions d'Afrique de l'Est, les grandes meutes d'hyènes sont connues pour chasser activement d'autres animaux de leur taille.

léopard ▼

écureuil ▼

lapin domestique ▼

▲ éléphants d'Afrique

48

▲ gnous et zèbres

Chaque type d'alimentation offre des avantages et présente des inconvénients. Les herbivores ont en principe la vie plus facile, puisqu'ils vivent dans un véritable « supermarché » de nourriture, qu'il s'agisse d'herbes, de feuilles, de tiges, de fruits, de noix, de racines, de champignons, voire d'écorces. Mais cela n'est vrai qu'en partie. Beaucoup d'herbivores sélectionnent soigneusement les aliments qu'ils consomment et ignorent tous les autres : certains singes ne consomment que des feuilles, d'autres uniquement des fruits, à tel point que leur estomac s'est complètement adapté à leur type de nourriture et n'en supporte pas d'autres. Dans les grandes savanes africaines, les herbes hautes ne sont broutées que par certaines espèces d'antilopes, tandis que d'autres consommateurs, comme les zèbres et les gazelles, doivent attendre que l'herbe ait déjà été broutée par d'autres espèces avant de pouvoir atteindre les pousses qui leur conviennent.

Si la nourriture végétale est plus accessible, elle est aussi de moindre valeur nutritive, ce qui oblige les herbivores à passer une partie importante de leur temps à manger. L'éléphant d'Afrique doit ainsi engloutir jusqu'à 120 kg de végétaux par jour et certains herbivores consacrent plus des trois quarts de leur temps d'activité à s'alimenter.

Les mammifères herbivores vivant en grands groupes, comme les rennes du Grand Nord, les gnous d'Afrique ou les antilopes saïga des plateaux d'Asie centrale (parmi d'autres), finissent par épuiser les tapis d'herbes dont ils se nourrissent et se trouvent donc obligés d'effectuer des migrations saisonnières ou permanentes pour trouver de nouveaux pâturages.

Une digestion compliquée

Suivant le type de nourriture qu'il consomme, chaque mammifère a subi des adaptations au niveau des dents (qui servent à arracher la chair des proies abattues, à couper des végétaux coriaces, à retenir des insectes ou des poissons dans la gueule, à broyer des os...) mais aussi au niveau des griffes, de la langue...

Une des adaptations les plus perfectionnées concerne le système digestif d'un certain nombre d'herbivores : les « ruminants ». Pour mieux tirer profit d'une nourriture végétale peu nutritive et difficile à digérer, les ruminants ont développé un système digestif très élaboré. Après avoir été mastiqués une première fois dans la bouche, les végétaux consommés pénètrent dans deux poches communiquant entre elles où ils sont transformés en bouillie sous l'action de bactéries. Cette bouillie est ensuite

▲ vaches domestiques

bison d'Amérique ▼

ramenée dans la bouche de l'animal, qui la mastique à nouveau avant de l'envoyer dans deux autres poches où elle sera digérée sous l'action de sucs gastriques, avant de pénétrer dans l'intestin où aura lieu l'absorption des éléments nutritifs.

L'herbe de haute qualité effectue ce transit en 24 heures environ, mais des végétaux plus grossiers peuvent parfois rester jusqu'à une semaine dans le corps de l'animal ! Les ruminants les plus célèbres sont les vaches domestiques et leurs cousins sauvages tels que les buffles ou le banteng (un bœuf sauvage des forêts d'Asie du Sud-Est), mais aussi les moutons et les chèvres, domestiques ou sauvages.

▼ moutons domestiques

Les carnivores ont opté pour une nourriture bien plus riche en protéines et donc plus nutritive. Mais pour atteindre cette nourriture, ils doivent souvent faire des efforts importants. Rares sont les proies qui se laissent dévorer de bon cœur : si les prédateurs ont développé des techniques de chasse performantes, les espèces-proies ont développé leurs propres techniques de défense tout aussi performantes. Les grands félins, par exemple, réussissent à peine une attaque sur dix. Mais lorsqu'ils sont parvenus à terrasser une proie importante, ils pourront se gaver et se constituer des réserves qu'ils mettront plusieurs jours à digérer et qui leur fourniront une grande quantité d'énergie.

▼ guépard

Certains carnivores se nourrissent principalement de poissons. Les plus célèbres de ces animaux sont bien entendu les loutres de rivière, qui chassent activement les poissons et d'autres proies aquatiques en nageant sous la surface. En Asie existent deux espèces de chats sauvages spécialisés dans la pêche au poisson : se tenant à l'affût au bord de l'eau, ces félins très particuliers attrapent leurs proies d'un rapide coup de patte. En Amérique tropicale, la chauve-souris pêcheuse vole en rase-mottes au-dessus des cours d'eau, des lacs ou des étangs pour saisir dans ses griffes les poissons qui se tiennent près de la surface.

Des aliments très particuliers

Certains mammifères se distinguent par leur mode d'alimentation très particulier.

Certains se nourrissent à peu près uniquement de fourmis et de termites : c'est le cas des fourmiliers (ou tamanoirs), des pangolins, de l'oryctérope... Pour atteindre ces insectes sociaux dans leur repaire, ces prédateurs disposent de griffes puissantes pour éventrer les termitières et les fourmilières, et d'une langue très longue, très fine et très gluante qu'ils introduisent dans les galeries pour en sortir un maximum d'insectes.

Le vampire d'Amérique du Sud (une chauve-souris) est le seul mammifère à se nourrir exclusivement de sang. Tout comme les vampires des films d'épouvante, il s'attaque aux grands mammifères en leur mordant la nuque ou d'autres parties moins sensibles, afin d'absorber le sang : sa salive contient un anticoagulant qui facilite l'écoulement. Contrairement au comte Dracula, le véritable vampire s'attaque très rarement à l'homme.

Toujours parmi les chauves-souris, d'autres espèces ont une alimentation moins repoussante, voire bien plus poétique, puisqu'elles se nourrissent du nectar des fleurs.

grand tamanoir ▼

Le mode alimentaire des charognards a de quoi nous dégoûter, pourtant ils jouent un rôle bénéfique dans la nature. En période de disette, beaucoup de carnivores chasseurs deviennent en partie des charognards.

Opportunistes accomplis, les omnivores profitent au mieux de toutes les situations qui se présentent. L'ours brun d'Alaska, par exemple, varie sa nourriture tout au long de l'année : il consomme des herbes et des graines, des œufs et de petites proies quand il en a l'occasion, se gave de fruits et de baies durant la bonne saison et s'en prend aux saumons lors de la migration annuelle de ces poissons. Les sangliers et d'autres cochons sauvages apprécient tout autant les fruits, les tiges, les noix, les racines, les champignons, les cadavres, les œufs, les insectes : ils trouvent donc un peu partout de quoi satisfaire leur énorme appétit. En Europe, le renard roux s'est habitué à vivre dans les grandes villes, où il trouve dans les poubelles un choix d'aliments les plus divers et parfois les plus inattendus, qui semblent tous lui plaire.

▲ koala

La spécialisation alimentaire à outrance apporte des avantages mais présente de graves dangers potentiels. Le koala d'Australie, par exemple, vit dans les forêts d'eucalyptus et n'a qu'à tendre le bras pour trouver les feuilles et les jeunes tiges dont il se nourrit tout au long de l'année. Trouver sa nourriture n'est donc pas un souci pour lui : mais si les eucalyptus viennent à mourir ou que ce type de forêt disparaît pour l'une ou l'autre raison, le koala est incapable de s'adapter et meurt rapidement s'il ne trouve pas à proximité suffisante un autre « réservoir » d'eucalyptus.

▼ ours brun

Une vie sans boire

Les mammifères du désert ne peuvent pas plus se passer d'eau que les autres mammifères. Pourtant, ils peuvent se passer de boire pendant de longues périodes, parfois durant toute leur vie... Ce prodige, ils le doivent à des adaptations de leur organisme et à des techniques de survie acquises au cours des âges.

Certaines antilopes du désert peuvent voir la température de leur sang augmenter jusqu'à 41 ou 42 °C sans subir de dommages. Leur organisme consomme nettement moins d'eau, notamment parce que leurs urines sont mieux filtrées. Les herbivores du désert tirent une bonne partie de leurs besoins en eau des plantes qu'ils consomment, tandis que les carnivores la trouvent dans le sang de leurs proies.

Les gazelles et les antilopes du désert qui vivent en groupes se lèchent mutuellement le pelage dès que la rosée du matin a été suffisante pour y faire perler quelques gouttes. L'oryx et l'addax, des antilopes du Sahara, sont capables de « sentir » les rares pluies jusqu'à 100 km de distance : elles se mettent alors en marche pour arriver le plus vite possible à l'endroit où s'est abattue une averse et profiter des plantes éphémères que l'eau du ciel aura fait pousser en abondance.

▼ oryx et gazelles de Thomson

▼ addax

▼ springboks

Nomades ou sédentaires

On trouve chez les hommes des individus qui restent leur vie durant fidèles à leur village de naissance et ne s'en éloignent jamais, tandis que d'autres ont en permanence la « bougeotte » et passent leur existence à parcourir le monde. Chez les mammifères existent aussi des différences de comportement que l'on peut comparer à différentes personnalités humaines : mais elles se manifestent au niveau non pas des individus mais bien des espèces. Certaines espèces se trouvent un domaine vital duquel elles ne s'éloigneront jamais, tandis que d'autres sont sans cesse en mouvement : c'est ce qui distingue les mammifères « sédentaires » des mammifères « nomades ».

Les dik-diks, de minuscules antilopes de la brousse africaine, s'installent sur un domaine vital correspondant à leur petite taille : vivant en couple parfois renforcé des jeunes de l'année, les dik-diks ne s'éloignent jamais de plus de 100 m de la cachette qui constitue le centre de leur domaine.

▼ tigre de Sibérie

▲ glouton

Bien d'autres mammifères restent eux aussi fidèles à un domaine vital, qu'ils défendent souvent de façon très agressive contre d'autres individus de leur propre espèce. Ces domaines peuvent couvrir d'immenses superficies. Une troupe de colobes (singes d'Afrique équatoriale) ou de gibbons asiatiques pourra se contenter d'un domaine vital de quelques dizaines d'hectares, mais les lynx, les tigres et les gloutons des régions nordiques auront besoin d'un domaine de plusieurs centaines, parfois plusieurs milliers de kilomètres carrés.

D'autres mammifères, le plus souvent des espèces sociales, ne prennent pas la peine de se constituer un territoire qu'ils défendent. Certains de ces animaux se déplacent en groupes en effectuant ce que l'on appelle des migrations. Les plus célèbres de ces nomades saisonniers ou permanents sont de grands ongulés.

dik-dik ▲

Les rennes de la toundra entament chaque année un voyage qui peut, dans certaines régions d'Amérique du Nord, couvrir 600 à 800 km. Cette migration saisonnière a pour but de les mettre à l'abri des conditions polaires extrêmes durant la saison la plus difficile ; la naissance des petits a lieu durant le long voyage de retour.

En Afrique, plusieurs populations de gnous effectuent des migrations plus ou moins permanentes à la recherche de nouveaux pâturages. La plus célèbre et la plus spectaculaire de ces migrations a lieu en pays massaï, à la frontière entre le Kenya et la Tanzanie. Forte actuellement de près de deux millions de têtes, « l'armée » des gnous se déplace en longues colonnes accompagnées de zèbres et d'antilopes, et souvent suivies de prédateurs. Les animaux effectuent une rotation de plusieurs centaines de

kilomètres dans le sens contraire des aiguilles d'une montre, qui les ramène au bout d'un an à leur point de départ, les grands pâturages qui s'étendent dans le sud du Parc national de Serengeti (Tanzanie). Ils y arrivent au début de la grande saison des pluies, c'est-à-dire la période de l'année où l'herbe abonde.

Sur les hauts plateaux d'Asie centrale, l'antilope saïga (une curieuse antilope au museau en forme de petite trompe) se déplace, elle aussi à la recherche de pâturages, en grands troupeaux qui comptaient jusqu'à une époque récente des centaines de milliers d'individus.

Mais les plus longues migrations saisonnières reviennent aux mammifères marins. Chaque été, les otaries à fourrure du Pacifique se rassemblent sur les îles Pribiloff, un archipel du Grand Nord situé

▼ gnous

otaries à fourrure ▼

baleine à bosse ▲

entre l'Alaska et la Sibérie, pour s'y reproduire. Mais dès le retour de l'automne, les animaux se dispersent. Si les grands mâles se contentent de rejoindre les côtes du sud de l'Alaska, les femelles accompagnées des jeunes de l'année entreprennent un voyage de plus de 5 000 km vers les côtes de Californie, où elles passeront l'hiver.

La plupart des grandes baleines sont des migratrices accomplies, qui se rapprochent des zones marines plus froides mais très riches en nourriture durant l'été avant de regagner leurs quartiers d'hiver dans les régions plus chaudes pour s'y reproduire. La baleine à bosse (mégaptère) de l'hémisphère sud, par exemple, ne nage qu'à une vitesse moyenne de 8 à 10 km/h.

Mais cela ne l'empêche pas d'effectuer un voyage saisonnier de plus de 6 000 km dans chaque sens entre les eaux riches en krill de l'Antarctique où elle s'est gavée durant tout l'été austral, et les eaux chaudes de l'océan Indien au large de l'Afrique, où elle met son baleineau au monde durant l'hiver.

On connaît également un autre phénomène de déplacement chez les mammifères, que les spécialistes appellent « émigration ». Contrairement aux migrateurs réguliers, les émigrants ne reviennent pas vers leur terre de départ à l'issue de leur voyage, mais la quittent pour toujours (un peu comme les travailleurs immigrés chez les hommes). Ces « fuites en avant » peuvent être provoquées par un manque de nourriture, un excès des effectifs de l'espèce (ou les deux, ces faits étant souvent liés), une compétition accrue avec un prédateur...

Les émigrations massives de lemmings sont les plus célèbres et celles qui ont le plus frappé l'imagination des hommes. Ces petits rongeurs nocturnes habitant les plateaux de Scandinavie (le « Fjäll ») connaissent parfois une augmentation spectaculaire de leurs populations à l'issue d'une année riche en nourriture. Si une telle situation se répète pendant plusieurs années, le nombre de lemmings devient soudain trop important pour permettre à tous les individus de s'alimenter. Les lemmings déclenchent alors un mouvement d'émigration massif, qui peut rassembler des millions d'individus. Ils se déplacent seuls, mais s'entassent devant des obstacles tels que les rivières. En fin de compte, les survivants de la horde des lemmings déjà décimée atteignent la mer et les animaux finissent par s'y jeter en masse, poussés par un instinct irrésistible de recherche de nouveaux territoires. Les infortunés animaux n'atteignent bien entendu jamais la terre promise imaginaire...

▼ lemming

Une maison pour chacun

Les ongulés (animaux à sabots) n'ont en général pas de demeure fixe. Constamment sous la menace des grands prédateurs, ils sont obligés de rester sans cesse en mouvement : posséder un gîte fixe où ils iraient se retrancher régulièrement les exposerait trop facilement à leurs ennemis qui ne tarderaient pas à localiser leur retraite. Certains grands mammifères herbivores comme les phacochères des savanes africaines aménagent des terriers, certes, mais ils ne les occupent que pendant la période de la mise bas et de l'allaitement des petits. Certains prédateurs, comme les hyènes et les lycaons, utilisent eux aussi des tanières (souvent creusées par d'autres animaux) pour y élever leurs petits.

Beaucoup de mammifères plus petits construisent cependant un gîte. La forme la plus courante de gîte est le terrier, cavité creusée dans le sol et reliée à la surface par une ou plusieurs galeries. Certains types de terriers sont très simples, ne comprenant qu'une galerie amenant à une chambre où se retranche le propriétaire. D'autres sont très élaborés, avec un réseau de galeries d'accès, d'aération, des sorties de secours, des chambres distinctes pour les parents et les jeunes, des réserves de nourriture…

▼ martre

jeunes renards roux ▲

phacochère ▼

loup roux ▼

▲ lièvre

Le blaireau aménage des gîtes souterrains qui finissent par s'étendre sur plus d'un hectare. Ces animaux nocturnes, au museau caractéristique, vivent en groupes : à chaque nouvelle génération, ils ajoutent de nouvelles chambres pour loger les nouveaux arrivés. Les terriers construits par les blaireaux peuvent être spectaculaires : certains sont occupés en permanence depuis plusieurs siècles !

▼ blaireau

▲ hérisson

Des espèces d'apparence similaire peuvent avoir des comportements différents : le lapin de garenne passe une bonne partie de son existence dans la sécurité de son terrier, tandis que le lièvre n'a pas de demeure fixe et se contente d'aménager une litière sommaire sur le sol, où ses petits viendront au monde.

Les mammifères qui hibernent se retranchent dans une cachette, mais qui n'a pas nécessairement été construite par leurs soins : l'ours brun peut se cacher dans une grotte ou une crevasse dans les rochers, le hérisson trouve sa place dans un tas de bois, la fouine profite des maisons de l'homme.

Les mammifères arboricoles comme les écureuils peuvent occuper un ancien nid (de pic...), une autre cavité dans les arbres ou bien aménager leur propre nid extérieur. D'autres petits mammifères se fabriquent un véritable nid. Un des nids les plus élaborés est celui des rats des moissons, de petits rongeurs vivant dans les campagnes européennes : véritable cocon, leur nid est fermement accroché aux tiges de plusieurs plantes où il pend à une certaine hauteur au-dessus du sol.

Les grands primates (chimpanzé, orang-outang, gorille) se construisent des nids qu'ils n'utilisent qu'une seule fois pour y passer la nuit. Ces nids constitués de branchages et de feuilles sont situés à des hauteurs différentes suivant les espèces : les orangs-outangs les installent généralement très haut dans les arbres, les chimpanzés plus bas et les gorilles les construisent souvent à même le sol.

Architecte des rivières

Une des habitations les plus élaborées est celle du castor, dont il existe deux espèces, la première vivant en Amérique du Nord, la seconde sur une bonne partie de l'Europe et de l'Asie tempérée. Ces animaux bien connus ne se contentent pas d'aménager un logis qui leur convient, ils modifient parfois totalement leur environnement afin de rendre celui-ci plus conforme à leurs besoins.

L'élément central est la hutte, dans laquelle se trouvent une ou plusieurs chambres d'habitation. L'entrée doit toujours être située sous le niveau de l'eau afin d'éviter que des prédateurs n'y pénètrent. C'est pour cette raison que le castor aménage des retenues (barrages), pour provoquer une élévation du niveau de l'eau qui noiera la base de la hutte.

L'« architecte des rivières » n'est pourtant pas un forçat du travail : il ne modifie le cours de la rivière que si celle-ci est trop petite ou si son débit est trop irrégulier. Les castors installés sur des cours d'eau importants se contentent très souvent de creuser une galerie et un gîte dans les berges, à la façon des rats musqués.

▲ hutte de castors

▲ castor

Des villes sous la terre

▲ chiens de prairie

Les « chiens de prairie », genre d'écureuils des grandes prairies d'Amérique du Nord, sont les champions de la construction souterraine. Ils pullulaient autrefois : au début du XXᵉ siècle, on estimait la population de chiens de prairies de l'ordre de 800 millions d'individus rien qu'au Texas !

Ces animaux vivent en communautés aménageant des terriers qui finissent par ressembler à de véritables « villes » souterraines.

Une communauté de chiens de prairie peut creuser plus de 120 trous à l'hectare dans le sol et déplacer une centaine de tonnes de terre. Leurs puits d'entrée verticaux descendent jusqu'à 4,50 m en profondeur et sont connectés à des réseaux de galeries plus horizontales qui peuvent s'étendre sur des surfaces incroyables. Dans un parc national du Canada, une communauté de chiens de prairie a ainsi aménagé progressivement un système souterrain qui s'étend sur plus de 175 hectares !

L'apprentissage de la vie

Chez les mammifères où le nombre de petits par portée est toujours assez faible, la survie d'un maximum de jeunes est importante.

La plupart des jeunes mammifères viennent au monde complètement formés (contrairement à la majorité des autres animaux qui quitte le corps de leur mère sous forme d'œuf) mais ils sont totalement démunis et incapables de se débrouiller seuls pendant la première période de leur vie, dépendant du lait maternel pour s'alimenter.

▲ babouins

▼ lynx d'Europe

Chez beaucoup d'espèces, de nombreux comportements et réflexes indispensables à la survie sont innés (c'est-à-dire qu'ils sont inscrits dans les gènes et ne doivent pas être acquis consciemment par l'animal) et les jeunes acquièrent leur indépendance au bout de quelques semaines. Mais d'autres doivent apprendre la plus grande partie des comportements qui leur seront nécessaires pour survivre et restent donc auprès de leur mère, de leurs parents ou du groupe social pendant une période beaucoup plus longue.

Les prédateurs doivent souvent apprendre toutes les techniques qui leur permettront un jour de capturer eux-mêmes des proies : le jeu joue un rôle très important à cet effet. La période qui suit la séparation des adultes est souvent très risquée pour les jeunes prédateurs, qui, soudain livrés à eux-mêmes, doivent capturer les proies qui leur permettront de survivre. La mortalité des jeunes est généralement très élevée.

C'est surtout chez les primates que les liens parentaux et l'apprentissage de la vie se prolongent sur des périodes de plusieurs années. Chez l'orang-outang, le jeune reste couramment auprès de sa mère pendant cinq années (on cite même le cas d'un jeune qui mit huit ans avant de s'en séparer). La dépendance des jeunes vis-à-vis des parents atteint son point culminant chez le primate le plus évolué... l'homme !

▲ éléphants d'Afrique

▼ koalas

La vie en groupe

On trouve chez les mammifères des individualistes convaincus, qui ne tolèrent la présence d'un partenaire qu'à la période de l'accouplement, et au contraire des animaux fondamentalement sociaux, qui ne supporteraient pas d'être isolés au point d'en dépérir.

La vie en groupe offre divers avantages : elle assure une meilleure protection contre les ennemis en multipliant le nombre d'yeux, d'oreilles et de narines prêts à détecter la présence ou l'approche d'un prédateur. Elle améliore l'efficacité de la recherche de nourriture, facilite parfois l'élevage des petits, permet de répartir les tâches et offre aux individus la possibilité de tirer profit de nouveaux comportements manifestés par l'un ou l'autre membre du groupe. Mais la vie de groupe entraîne parfois des contraintes. Chez les espèces les plus évoluées comme les loups ou les primates, chaque individu doit trouver sa place dans la hiérarchie et se soumettre à la dominance de ceux situés plus haut sur l'échelle, ce qui peut entraîner des frustrations et des conflits.

Si on analyse les espèces sociales, on s'aperçoit qu'il s'agit dans la majorité des cas d'herbivores (qui sont aussi des espèces-proies de prédilection). Chez ces animaux, la vie en groupe est possible parce que la nourriture disponible est suffisamment abondante pour assouvir les besoins de toute la troupe. Le gorille de montagne d'Afrique centrale peut vivre en famille car il se nourrit d'une grande variété de végétaux qu'il trouve en abondance dans la forêt. Mais l'orang-outang des forêts de Bornéo et de Sumatra doit vivre en solitaire, car les fruits dont il se nourrit sont relativement rares : on remarque d'ailleurs une tolérance temporaire entre individus normalement solitaires lorsqu'ils se rassemblent dans des arbres comme les figuiers au moment où ceux-ci croulent sous le poids de leurs fruits.

▼ loups gris

▲ gazelles de Thomson

▼ rorquals

▼ loutres

Les ressources alimentaires disponibles pour les carnivores prédateurs ne sont en général pas suffisantes pour leur permettre de vivre en groupe. Seules quelques espèces vivant dans des habitats riches en grands mammifères, comme les savanes d'Afrique ou les forêts boréales d'Amérique du Nord, ont les moyens de vivre et de chasser en groupe, ce qui augmente d'ailleurs l'efficacité de leur chasse. Parmi les prédateurs sociaux, on trouve le lion et le lycaon (chien sauvage d'Afrique) qui chassent en groupe et assument en commun l'élevage des jeunes. Le loup, célèbre pour ses chasses en meute, ne vit en groupe pouvant compter jusqu'à une trentaine d'individus que là où les grands mammifères dont il se nourrit sont assez nombreux : ailleurs, dans les régions où les ressources sont plus pauvres, il vit généralement en couple ou, au mieux, en petits groupes familiaux. La plupart des carnivores n'ont d'autre choix que de mener une vie solitaire. Cette règle est particulièrement valable pour les super-prédateurs qui se trouvent au sommet d'une chaîne alimentaire. Le tigre de Sibérie, par exemple, a besoin d'un territoire de chasse de plusieurs milliers de kilomètres carrés pour pouvoir satisfaire ses besoins tout au long de l'année.

Certains mammifères vivent en groupe mais s'alimentent de manière individuelle. C'est le cas surtout des chauves-souris. Un peu partout dans le monde, les chauves-souris se rassemblent en colonies pour se reposer, se reproduire et hiberner. Certaines colonies peuvent être spectaculaires : on trouve ainsi en Asie du Sud-Est des grottes occupées par plusieurs millions de chauves-souris de différentes espèces. Mais, chaque soir, la colonie s'éparpille et chaque individu va se nourrir d'insectes ou de fruits dans son propre coin.

L'amour, plaisirs et devoirs

Outre les activités vitales (se nourrir, boire, se reposer), la reproduction occupe une place très importante dans la vie des mammifères. Elle prend généralement des formes assez élaborées et l'acte s'accompagne souvent de plaisir, mais peut aussi entraîner des rivalités ou des affrontements violents.

Le but de la reproduction est avant tout de transmettre un maximum de ses propres gènes. Chez les animaux les plus évolués, l'attachement des jeunes est plus fort envers la mère puisque c'est elle qui les a portés dans son corps et qui les a nourris de son lait. Le mâle ne peut généralement rien faire pour participer à la survie des jeunes puisqu'il ne possède pas de lait.

C'est sans doute pourquoi, chez la majorité des espèces de mammifères, le mâle se comporte en « père indigne », délaissant complètement l'élevage des jeunes pour aller s'accoupler avec d'autres femelles dès qu'il en a l'occasion. Il donne ainsi à ses gènes plus d'occasions d'être transmis à de nouvelles générations. Parmi les rares mammifères s'unissant en couple pour des périodes plus ou moins prolongées, voire pour toute la vie, on peut citer les loups, les renards, les castors et de nombreux primates.

▼ lions d'Afrique

▲ mandrill

Les mammifères ne s'accouplent pas n'importe quand. L'envie de procréer est liée aux périodes durant lesquelles les femelles sont fécondes. Cet état se matérialise par la libération d'hormones que les mâles perçoivent et qui déclenche chez ceux-ci une envie irrésistible de couvrir les femelles. Chez les espèces vivant dans les régions tropicales, où le climat connaît peu de variations saisonnières, les périodes de réceptivité des femelles s'étalent généralement tout au long de l'année. Mais dans les régions plus froides, l'accouplement survient le plus souvent à une période précise. En tenant compte de la durée de gestation (le temps qui s'écoule entre la fécondation de la femelle et la naissance), les jeunes naîtront durant la période de l'année où la nourriture est la plus abondante (c'est-à-dire à partir du printemps jusqu'au début de l'été).

La durée de gestation peut atteindre 9 mois chez les grands singes et même plus chez d'autres mammifères : 12 mois chez les zèbres, 15 mois chez les girafes, 18 mois chez les rhinocéros et jusqu'à 21 mois chez les éléphants.

Des attraits sexuels extérieurs stimulent l'intérêt que peut porter un mammifère pour un individu du sexe opposé : les bois des cerfs, les cornes de nombreux ongulés, la crinière des lions mâles, la trompe dilatable de l'éléphant de mer, le capuchon gonflable du phoque à capuchon ou les couleurs faciales chez les mandrills...

Chez les mammifères les plus évolués, l'accouplement est accompagné d'une série de parades ritualisées et/ou de gestes d'affection plus ou moins marqués. Les sons produits par les partenaires, les caresses, voire les baisers qu'ils échangent, sont autant de stimuli les conduisant à un état d'excitation tel qu'ils sont prêts pour l'accouplement.

Les éléphants, malgré leur masse imposante, se montrent capables de gestes d'affection, de douceur et de tendresse avant l'accouplement ; chez les grandes baleines, la parade amoureuse peut se traduire par de spectaculaires bonds hors de l'eau et des chants élaborés.

Si l'amour offre donc du plaisir aux partenaires, il entraîne aussi des contraintes, surtout chez les espèces les plus évoluées vivant en groupes sociaux structurés et hiérarchisés.

La possession d'un harem de femelles peut pousser les mâles à des dépenses considérables d'énergie et à des combats qui peuvent s'avérer dangereux. Les mâles de l'impala s'affrontent pour la possession d'un harem de femelles. Dès que l'un d'eux est devenu dominant et a pu s'approprier le harem qu'il convoitait,

▼ macaques des Célèbes

▲ cerf noble

il se voit obligé de consacrer un temps énorme à empêcher qu'un nouveau prétendant ne vienne lui ravir son trésor durement acquis, tout en veillant à couvrir les femelles réceptives.

Généralement, il ne parvient pas longtemps à tenir ce rythme effréné et finit par perdre ses femelles au profit d'un autre mâle...

En période du rut, un cerf dominant est tellement préoccupé par la suprématie qu'il veut garder sur les autres mâles, sans compter les accouplements auxquels il doit satisfaire, qu'il n'a parfois plus le temps ni de dormir ni de s'alimenter.

Certains terminent les quelques semaines que dure le rut dans un état d'épuisement physique lamentable.

Chez les primates vivant en groupes sociaux, de même que chez les loups vivant en meutes, s'accoupler est souvent le privilège des individus dominants, mâles et femelles. Maintenir son statut privilégié – ou au contraire l'acquérir – devient une préoccupation primordiale pour les membres du groupe, ce qui se traduit par de fréquents affrontements rituels ou des combats physiques, par des luttes d'influence, des accords de complicité entre différents individus, etc.

Les oiseaux

Des ancêtres reptiles

« Les oiseaux, ces glorieux reptiles ! » : cette phrase prononcée au XIXe siècle par le scientifique britannique T. H. Huxley résume parfaitement ce que sont les oiseaux du point de vue de l'évolution : des descendants de reptiles qui ont plutôt bien réussi dans la vie...

Les hommes de science avaient depuis longtemps constaté que le squelette et les muscles des oiseaux et des reptiles présentent des traits communs. Leur mode de reproduction est lui aussi identique, les uns et les autres pondant des œufs. Et les pattes de nombreux oiseaux sont couvertes d'écailles fort semblables à celles des reptiles.

Il manquait cependant une preuve que les oiseaux avaient bel et bien évolué à partir d'ancêtres reptiliens. Entre 1861 et 1877, on découvrit dans des carrières en Bavière (Allemagne) plusieurs fossiles très particuliers. Les empreintes des animaux gravées dans l'ardoise présentaient toutes les caractéristiques des reptiles primitifs, mais on y distinguait clairement... des plumes ! Le chaînon manquant venait d'être trouvé : la créature à mi-chemin entre le reptile et l'oiseau ayant ainsi laissé sa « signature » dans la roche fut baptisée Archaeopteryx. Selon certains scientifiques, on peut dire que les oiseaux sont les « dinosaures actuels » puisqu'ils descendraient directement d'une famille qui comprenait les redoutables tyrannosaures et d'autres grands dinosauriens !

On ignore toujours ce qui déclencha le processus qui fit naître ces reptiles volants, tellement différents de tous les autres reptiles qu'il devenait pleinement justifié de leur trouver un nouveau nom : oiseau. Leur nouvelle capacité à s'élever dans les airs offrait en tout cas à ces animaux des avantages évidents, ce qui favorisa sans nul doute leur essor. Les spécialistes s'accordent généralement à dire que les premiers oiseaux véritables datent de 140 à 150 millions d'années.

Au cours des âges, un très grand nombre d'espèces apparurent, ancêtres de formes que nous connaissons encore aujourd'hui : la plupart ont aujourd'hui rejoint l'Archaeopteryx au royaume des fossiles... Certains scientifiques avancent le chiffre presque incroyable de 1,5 million d'espèces qui se seraient succédé : si l'on en croit ce chiffre, cela revient à dire que les quelque 10 000 espèces* d'oiseaux vivant actuellement sur la planète ne représenteraient plus qu'environ 0,5 % de toutes les espèces ayant déjà existé !

* Le nombre exact d'espèces officiellement reconnues fait encore l'objet de discussions dans les milieux des spécialistes : les chiffres le plus généralement admis varient entre 8 500 et 9 700 espèces, selon les classifications.

▼ fou de Bassan

▼ perruche

▲ alouette

▲ manchot adélie

83

Maîtres du ciel

Les oiseaux sont les véritables maîtres du ciel : la sterne arctique parcourt chaque année plusieurs dizaines de milliers de kilomètres en vol, la grue cendrée peut voler plus de 30 heures d'affilée, le faucon pèlerin effectue des piqués aériens qui le propulsent à plus de 250 km/h, l'oie des neiges survole les montagnes à plus de 8 000 m d'altitude et les martinets dorment même dans les airs !

Toutes ces prouesses, les oiseaux les doivent à une invention géniale de la nature : les plumes ! À la fois très légères et très résistantes, rigides à la base mais faisant preuve d'une grande souplesse vers leur extrémité, elles assurent la portance de l'oiseau dans l'air. Adaptations extrêmement poussées des écailles d'origine chez les reptiles, les plumes sont d'une complexité incroyable. Au départ de la « hampe » (le mât central) partent des « barbes » qui sont des plumes en miniature. Ces barbes portent à leur tour des « barbules », encore plus petites, qui portent elles-mêmes des « barbicelles » minuscules, dont l'extrémité est pourvue d'un crochet qui leur permet de se fixer l'une à l'autre. Le tout forme un canevas très dense, tissé un peu comme les mailles d'un filet de pêche. Une seule plume de pigeon, par exemple, se compose de centaines de milliers de barbules et de plusieurs millions de barbicelles !

▼ marabout

Les plumes habillent l'oiseau, lui donnant le profil aérodynamique dont il a besoin pour fendre l'air. Le plumage sert en outre d'isolant thermique très efficace. Par temps froid, les différentes couches de plumes permettent à l'oiseau de conserver sa chaleur corporelle ; par temps chaud, les plumes s'aplatissent, ce qui réduit l'épaisseur de cette couche protectrice et concourt à évacuer sa chaleur excessive. Les jeunes oiseaux et les espèces vivant dans des contrées plus froides possèdent une couche épaisse de duvet, petites plumes très soyeuses qui constituent une couverture isolante très performante.

▼ pygargue à tête blanche

▲ cygne

Les plumes des oiseaux subissent une usure permanente, ou peuvent se briser, lors d'un choc, d'un combat entre deux individus… Elles doivent donc être remplacées à intervalles réguliers : c'est la raison d'être de la mue. Les oiseaux changent ainsi de plumage une ou deux fois l'an, selon les espèces. La mue est progressive, évitant ainsi à l'oiseau de perdre son aptitude à voler : seuls les canards, les oies et quelques autres oiseaux aquatiques sont incapables de s'envoler pendant une courte période chaque année à l'époque de la mue, le temps que les nouvelles plumes grandissent.

Les petits passereaux possèdent généralement de 2 000 à 5 000 plumes, tandis qu'un cygne adulte en possède plus de 25 000. Chez les oiseaux vivant dans les contrées tempérées et froides, le plumage d'hiver est habituellement plus dense que le plumage d'été : un moineau domestique possède jusqu'à 3 550 plumes en hiver contre 3 150 en été, ce qui lui permet de garder sa température corporelle de 42 °C même par temps de gel.

▼ spatules

Une vie entière dans les airs

Dans nos contrées, le retour des martinets annonce l'approche de l'été. Ces oiseaux, qui comptent de nombreuses espèces largement répandues dans le monde et dont l'aspect est généralement anodin, sont de véritables créatures aériennes. À partir du moment où il a quitté le nid – très sommaire – qui l'a vu naître, le martinet passera durant toute sa vie beaucoup plus de temps en vol que posé. Il revient uniquement sur la terre ferme pendant la saison de la nidification, pour pondre, couver les œufs puis nourrir les petits...

Les pattes de ces oiseaux, petites et frêles, leur permettent tout juste de s'accrocher aux parois des rochers (ou aux murs des bâtiments construits par l'homme) où ils nichent : un martinet tombé au sol est incapable de marcher ou de s'envoler.

Les martinets se nourrissent d'insectes qu'ils capturent en plein vol : ils peuvent consacrer jusqu'à 18 heures par jour à cette activité ! Mais le plus incroyable est qu'ils parviennent même à dormir dans les airs ! Le soir venu, les martinets prennent de la hauteur et recherchent des couches d'air plus chaud flottant entre 1 000 et 2 000 m d'altitude. C'est là qu'ils voleront toute la nuit, « portés » par l'air, alternant en permanence quelques coups d'ailes avec quelques instants de vol plané...

▼ martinet

À tire-d'aile

Pour pouvoir voler, l'oiseau doit être léger. La plupart de ses os sont donc plus ou moins creux. Il possède en outre une série de « sacs aériens », des petites poches réparties dans des espaces creux du corps et qui peuvent être remplies d'air. Ce système renforce par ailleurs les poumons et permet aux oiseaux de respirer bien plus efficacement que les mammifères. Le plus gros oiseau au monde, l'autruche, est incapable de voler : elle peut donc s'accorder un poids pouvant aller jusqu'à 150 kilos ; à l'opposé, le minuscule colibri d'Anna ne dépasse pas les… 6 grammes !

Pour battre des ailes, l'oiseau doit disposer de muscles puissants. Les muscles utilisés pour le vol représentent 15 à 20 % du poids total, parfois plus encore chez les oiseaux de petite taille aux battements d'ailes rapides.

La forme des ailes d'un oiseau en apprend beaucoup sur sa manière de voler. Les fines ailes profilées des faucons et des martinets indiquent qu'il s'agit de voiliers rapides capables d'effectuer des mouvements brusques, tandis que les larges ailes des cigognes, des vautours et d'autres rapaces comme les buses et les aigles témoignent de planeurs efficaces, capables de se laisser porter par l'air sur de grandes distances sans pratiquement battre des ailes.

aigle de Bonelli ▲

Tous les oiseaux ne volent pas de la même façon. Les oies et les cygnes ont un vol lourd et semblent s'élever avec difficulté au décollage ; la plupart des pigeons et des pics ont un vol alterné, battant plusieurs fois des ailes avant de se laisser planer et ainsi de suite. Les vautours utilisent les courants aériens ascendants pour prendre de l'altitude avant de redescendre en planant. Le faucon crécerelle peut voler sur place, en battant vigoureusement des ailes. Et les colibris sont capables de voler aussi bien en avant qu'en arrière, un peu comme de grosses libellules.

mouette ▲

colibri ▼

Des oiseaux qui ne volent plus

Quelques rares oiseaux sont incapables de voler. On a longtemps pensé qu'il s'agissait d'espèces primitives à l'évolution très lente, chez lesquelles les ailes étaient encore en cours de formation. On sait à présent que ces oiseaux sont les descendants d'espèces disparues qui étaient bel et bien capables de s'élever dans les airs, mais qui ont perdu l'usage des ailes parce que celles-ci ne leur étaient plus nécessaires suite à leur mode de vie particulier.

Le plus connu des oiseaux « aptères » (dépourvus d'ailes) est aussi le plus gros oiseau actuel : c'est l'autruche des savanes africaines. Le dinornis, un oiseau à l'aspect assez proche de l'autruche, vivait en Nouvelle-Zélande, d'où il a disparu il n'y a que quelques siècles : il mesurait jusqu'à 3,50 m de haut ! Les nandous d'Amérique du Sud, le casoar des forêts de Nouvelle-Guinée et l'émeu d'Australie sont d'autres oiseaux aptères : tous sont d'assez grande taille. Le kiwi de Nouvelle-Zélande, beaucoup plus petit, est sans doute le plus curieux et le moins connu des oiseaux aptères. Les manchots des régions antarctiques sont les seuls oiseaux marins incapables de voler : leurs « ailes » atrophiées seraient incapables de supporter leur poids en l'air, mais elles leur sont en revanche très utiles pour se propulser et se diriger lorsqu'ils chassent sous l'eau.

nandou ▼

autruche ▲

gorfou ▼

casoar casqué ▼

Une vue perçante

La vue est importante chez la plupart des oiseaux. Pour pouvoir identifier une carcasse, alors qu'il plane à 1 500 m de haut, le vautour doit disposer d'une excellente acuité visuelle, et il en va de même pour la buse repérant un petit rongeur depuis son perchoir haut de 30 m, pour le gobe-mouches localisant un insecte en vol à plusieurs dizaines de mètres, pour la fauvette ou la mésange trouvant de minuscules œufs d'insectes cachés sous une feuille.

Les yeux de la plupart des oiseaux leur permettent de voir aussi bien de près que de loin. Un oiseau occupé à suivre les mouvements d'un intrus au loin pour assurer sa sécurité pourra immédiatement et sans problème fixer son regard sur un insecte passant juste devant lui. Chez de nombreux oiseaux, l'œil est plus gros que le cerveau et proportionnellement bien plus gros que chez les mammifères. Les yeux des oiseaux leur offrent une vision jusqu'à huit fois supérieure à celle de l'homme, notamment grâce au fait que les cellules de la rétine sont plus denses.

Chez la majorité des oiseaux, la disposition des yeux sur les côtés de la tête leur offre une vision plus ou moins panoramique. Les bécasses peuvent ainsi voir devant, sur les côtés, et derrière elles sans avoir à tourner la tête. Chouettes et hiboux ne bénéficient pas de cet avantage : ayant les yeux placés vers l'avant, un peu à la manière des

gobe-mouches ▼

primates, ils ne voient que devant eux. Mais la nature leur a donné en contrepartie des vertèbres cervicales extrêmement souples, ce qui leur permet de balayer un rayon de 180° en tournant la tête complètement vers l'arrière.

Quelle place jouent les autres sens chez les oiseaux ? À ce sujet, les spécialistes sont loin d'être tous d'accord. Il semble certain que des oiseaux comme les canards, les pétrels, les puffins et les albatros ont un goût développé, et que le kiwi repère les vers de terre, sa proie principale, à l'odorat. Certains charognards, comme les vautours d'Europe et d'Asie ou les urubus d'Amérique, semblent disposer d'un odorat certain, mais la plupart des scientifiques continuent de penser qu'ils repèrent leur nourriture principalement à la vue.

hibou grand-duc ▲

busard ▼

Des conquérants efficaces

La capacité des oiseaux à franchir les obstacles ou à les contourner en volant leur a ouvert les portes de la planète. On en trouve sur tous les continents et dans

▼ Le harfang des neiges est une des rares espèces à passer l'hiver dans le froid des régions arctiques.

tous les habitats, depuis les régions polaires jusqu'à l'équateur et même sur des îles océaniques. La conquête de la Terre par les oiseaux a été favorisée aussi par leur aptitude à consommer des nourritures très diverses, tant végétales qu'animales. À une époque plus récente, les facultés d'adaptation de certains oiseaux leur ont en outre permis de prospérer dans des habitats fortement modifiés par les activités de l'homme : il ne se trouve pas une seule ville au monde qui ne soit fréquentée par l'un ou l'autre oiseau jusqu'en son centre même.

Les milieux extrêmes ne découragent pas les oiseaux : les rivages du pôle Sud sont colonisés par les manchots et les gorfous ; en plein milieu des déserts les plus hostiles comme le Sahara, on peut rencontrer des oiseaux apparentés aux alouettes ; la niverolle se plaît uniquement en haute montagne... Seul l'intérieur du continent antarctique n'est pas fréquenté par des oiseaux.

Plus de 4/5 des oiseaux actuels sont des oiseaux terrestres. Les autres sont des espèces presque totalement inféodées aux espaces marins. Si la plupart des mouettes et des goélands (entre autres) préfèrent ne pas trop s'éloigner des côtes, d'autres oiseaux marins passent leur vie entière à errer au-dessus des océans, parfois à des milliers de kilomètres des terres. On compte parmi ces conquérants ailés des mers les albatros, les fulmars, les puffins, les océanites, les guillemots... Ils ne se

▲ Les fous de Bassan parviennent à conquérir les îlots rocheux perdus en pleine mer.

souviennent de l'existence des terres qu'au moment de nicher, regagnant alors l'un ou l'autre bout de rocher, l'une ou l'autre île déserte, pour se rassembler en colonies parfois très nombreuses sur leurs sites de nidification.

Certaines espèces ont une aire de répartition énorme. Le gypaète barbu, un grand vautour, se rencontre depuis l'Afrique du Nord à travers les montagnes de toute l'Eurasie jusqu'en Mongolie et en Chine ; le faucon pèlerin est présent sur tous les continents, à l'exception de l'Antarctique. À l'opposé, d'autres espèces ne se sentent apparemment bien que dans une zone géographique très restreinte : la sittelle kabyle, espèce découverte en 1975 seulement, ne fréquente que les forêts de cèdres, de chênes et de pins du nord de l'Algérie, le pinson de Laysan ne vit que sur la minuscule île de Laysan, dans l'archipel de Hawaï…

Certains oiseaux peu exigeants s'accommodent d'un peu tous les habitats suivant les régions qu'ils fréquentent : on trouve le grand corbeau aussi bien en bordure du Sahara que dans les forêts de conifères du Canada ou sur les falaises côtières d'Écosse ou de Scandinavie. D'autres montrent en revanche une spécification poussée à l'extrême : dans les montagnes du sud de l'Arizona (États-Unis), cinq espèces de moucherolles (de petits passereaux insectivores) se succèdent à chaque étage de végétation.

L'aventure de la migration

Les oiseaux ne sont certes pas les seuls animaux à entreprendre chaque année ce long voyage que nous appelons la migration. Certains insectes, des poissons et quelques mammifères entreprennent eux aussi des déplacements saisonniers ou permanents à la recherche de nourriture ou pour se reproduire. Mais aucun de ces mouvements n'atteint une ampleur comparable à la migration en masse des oiseaux.

Près d'un tiers des espèces d'oiseaux se lancent chaque année dans des voyages migratoires : des millions et des millions d'individus ! Les migrations les mieux connues sont celles qui ramènent chaque automne les oiseaux nichant dans les contrées boréales vers des cieux plus cléments sous les tropiques, et vice versa au printemps suivant. Certains ornithologues pensent que ce phénomène date de millions d'années ; mais pour d'autres, le réflexe migratoire serait né à une époque nettement plus récente (quelques dizaines de milliers d'années), lorsque l'avancée des glaciers lors des époques glaciaires aurait contraint les oiseaux à chercher une retraite vers le sud.

Il est aisé de comprendre pourquoi les oiseaux quittent les régions nordiques lorsque s'achève le court été boréal.

Le manque de nourriture et le froid extrême durant la mauvaise saison ne permettent qu'à quelques espèces très spécifiques et résistantes comme le lagopède ou le harfang des neiges de rester sur place : les autres n'ont d'autre choix que de partir. Mais pourquoi les migrateurs, qui trouvent sous des cieux plus cléments tout ce dont ils ont besoin, se fatiguent-ils à retourner vers le nord quelques mois plus tard ?

L'abondance de nourriture, surtout les insectes qui pullulent pendant l'été boréal, mais aussi la compétition moindre (les espèces sont moins nombreuses que sous les climats chauds) et l'absence relative de prédateurs semblent être des raisons suffisantes pour pousser ceux qui ont passé l'hiver en Europe du Sud ou en Afrique à entreprendre le long voyage qui les ramènera vers leurs sites de nidification boréaux.

Boussole innée ?

Le réflexe migratoire est en quelque sorte inscrit dans le capital génétique (héréditaire) des oiseaux... On sait en effet que l'hérédité joue un rôle dans les capacités des migrateurs au long cours à s'orienter. Les jeunes qui entreprennent pour la première fois la migration apprennent aussi les parcours en suivant des oiseaux plus âgés et plus expérimentés, et semblent « mettre en mémoire » une carte générale du parcours basée sur des repères visuels. Les oiseaux semblent donc s'appuyer à la fois sur leur instinct et sur leur expérience.

On sait aussi que les oiseaux s'orientent, au moins en partie, grâce au soleil (ou plus exactement aux rayons ultraviolets émis par le soleil), ou grâce aux étoiles pour ceux qui préfèrent voyager de nuit. Les oiseaux peuvent aussi être influencés par les champs magnétiques terrestres, ce qui pourrait expliquer pourquoi ils évitent curieusement certains massifs montagneux riches en minerais qui pourraient perturber ces champs. La migration des oiseaux n'a pas encore livré tous ses secrets et reste donc en bonne partie un mystère...

Il est étonnant de savoir que le phénomène de la migration n'a été officiellement reconnu par la science qu'à la fin du XVIIIe siècle, après que des ornithologues eurent réussi pour la première fois à munir des oiseaux de bagues rudimentaires. Auparavant, les théories les plus inattendues ou les plus folles avaient tenté d'expliquer de manière empirique la disparition des oiseaux pendant plusieurs mois : on pensait que ceux-ci passaient l'hiver endormis sous la terre, qu'ils se transformaient en autres espèces ou même qu'ils partaient vers la Lune !

sterne ▼

oies ▲

oies des neiges ▼

Un dangereux périple

▼ macareux moines

La migration est une étape pleine de dangers dans la vie des oiseaux. Les obstacles naturels comme les montagnes, les mers ou les déserts à traverser, font chaque année un nombre incalculable de victimes, vaincues par l'épuisement. C'est pourquoi la plupart des oiseaux évitent autant que possible de traverser la mer ou les grandes étendues arides, se concentrant en quelques points de passage comme les détroits (détroit du Bosphore ou de Gibraltar en Europe) ou les côtes du Sahara.

Les tempêtes ou le froid intense peuvent également s'avérer meurtriers, déviant les oiseaux loin de leur route normale. En Europe, des oiseaux marins migrateurs comme les fulmars, les puffins et les océanites sont traditionnellement appelés « oiseaux des tempêtes » :

habituellement absents sur le continent, ces oiseaux y arrivent parfois en masse poussés par des vents violents qui les dévient de leur route de migration au-dessus de l'Atlantique.

Pour supporter les dépenses énergétiques énormes que nécessite le long voyage de la migration, les oiseaux doivent principalement compter sur les réserves de graisse qu'ils ont accumulées durant l'automne. Les espèces effectuant les plus longs trajets s'arrêtent généralement en cours de route pour « refaire le plein » en s'alimentant et en se reposant dans des régions bien connues comme haltes migratoires. Mais tous arrivent plus ou moins affaiblis, parfois épuisés au terme de leur voyage, et un bon nombre n'y arrive jamais !

Chasseur de migrateurs

Le faucon d'Éléonore est un gracieux faucon de taille moyenne qui se reproduit sur des îles du bassin méditerranéen. Contrairement à l'écrasante majorité des oiseaux du continent européen, les jeunes du faucon d'Éléonore viennent au monde en automne, alors que la migration vers le sud bat son plein. Pour les parents, c'est une bonne affaire : ils s'attaquent en plein vol aux migrateurs épuisés qui survolent la mer et qui constituent des proies plus faciles. L'abondance de proies dont ils profitent permet aux faucons d'élever plus facilement leur nichée. Lorsque ses propres petits sont prêts à l'envol, le faucon d'Éléonore part lui-même en migration, pour passer l'hiver à Madagascar.

▼ faucon d'Éléonore

Quelques records de la migration

Les performances accomplies par les oiseaux durant la migration peuvent être exceptionnelles.

L'oie des neiges, par exemple, doit franchir la formidable barrière naturelle que constitue le massif de l'Himalaya pour gagner ses quartiers d'hiver en Asie du Sud. Plutôt que de contourner les montagnes comme le font la plupart des autres espèces, l'oie préfère les survoler : des vols d'oies des neiges ont déjà été repérés à près de 9 000 m, à des altitudes où l'homme étouffe par manque d'oxygène et meurt de froid en quelques minutes !

Certaines espèces parcourent des distances hallucinantes, comme la sterne arctique, championne incontestée de la migration au long cours, qui passe de l'Arctique à l'Antarctique et vice versa chaque année, soit une distance totale d'environ 40 000 km ! Le pluvier arctique, une espèce américaine, va de l'Arctique jusqu'aux pampas d'Argentine ; le bécasseau maubèche américain quitte lui aussi l'Arctique pour gagner la Terre de Feu, à la pointe méridionale de l'Amérique du Sud. Des hirondelles passant l'été en Scandinavie rejoignent chaque année la province du Cap, en Afrique du Sud…

▼ barges rousses

▲ cigognes blanches

Des petits passereaux dont le poids atteint quelques dizaines de grammes seulement, comme les fauvettes, voyagent d'Europe en Afrique tropicale en moins de deux semaines, en battant des ailes plusieurs dizaines de millions de fois en chemin ! Si leur consommation d'énergie était calculée en carburant, comme pour les automobiles, celle-ci équivaudrait à un litre aux... 250 000 km !

▼ sterne

À manger pour tous

▲ flamants roses

Les milliers d'espèces d'oiseaux actuels se sont réparti la majeure partie des terres et des mers du globe, mais ils se sont aussi attribué une quantité extraordinaire d'aliments différents. On peut dire que, à quelques exceptions près, il ne se trouve pas un seul type de nourriture, animale ou végétale, qui ne soit pas exploité par les oiseaux, depuis les minuscules algues consommées en masse par les flamants roses sur les lacs alcalins jusqu'aux cadavres d'éléphants dépecés par les vautours.

Du point de vue de l'alimentation, on peut diviser les oiseaux en deux grands groupes prédominants : les insectivores et les granivores. Il semble qu'au départ tous les oiseaux se nourrissaient d'aliments d'origine animale : ce n'est que par la suite qu'un certain nombre se serait intéressé aux aliments végétaux, une hypothèse que pourrait confirmer le fait que tous les oiseaux actuels nourrissent encore leurs petits d'aliments d'origine animale (insectes et autres invertébrés).

De nombreux oiseaux consomment des insectes, soit en permanence, soit à certaines périodes de l'année. En période d'abondance, les insectivores peuvent consommer jusqu'à 40 % de leur propre poids en insectes chaque jour. Il ne se

▲ rouge-gorge

trouve pour ainsi dire aucun insecte au monde qui n'ait son oiseau prédateur. Pour trouver les proies qu'ils convoitent, les oiseaux insectivores fouillent ou creusent la terre, éventrent les nids des insectes sociaux comme les fourmis ou les termites, retournent les feuilles, forent le bois… Ils capturent les insectes là où ceux-ci se trouvent, que ce soit sur la terre ferme, dans l'eau ou même dans les airs, comme les hirondelles, gobe-mouches et autres spécialistes de la capture d'insectes en plein vol. Certains se contentent plus ou moins du premier insecte venu, tandis que d'autres se spécialisent : la bondrée apivore s'attaque en priorité aux nids des guêpes

et des abeilles sauvages, les indicateurs (des oiseaux de taille moyenne vivant en Afrique) consomment la cire et le miel dans les nids d'abeilles…

Les graines étant constituées de moins d'eau que les insectes, les oiseaux granivores parviennent rarement à consommer plus de 10 % de leur propre poids par jour de cette nourriture végétale. La plupart des oiseaux que l'on qualifie généralement de « granivores » ne consomment pas uniquement des graines : ils complètent ou diversifient souvent leur menu en mangeant également des racines, des herbes, des feuilles, des bourgeons…

Les prédateurs ailés

Un bon nombre d'oiseaux se nourrissent exclusivement de proies vivantes de plus grande taille que les insectes : mammifères, reptiles et même autres oiseaux, qu'ils chassent activement. Ce sont les rapaces, diurnes et nocturnes. Certains (faucons, éperviers, autours...) sont devenus des spécialistes de la chasse en plein vol, capturant des oiseaux parfois au terme de poursuites aériennes spectaculaires. D'autres (buses, aigles...) préfèrent guetter patiemment des proies terrestres du haut des airs ou d'un perchoir avant de fondre sur leur victime. Les circaètes et les serpentaires se spécialisent dans la capture de reptiles comme les serpents et les lézards.

Les poissons et autres animaux aquatiques ne sont pas à l'abri dans leur élément liquide : le martin-pêcheur est l'un des plus célèbres consommateurs ailés de poissons, qu'il capture au terme d'un plongeon rapide depuis son perchoir. Mais bien d'autres oiseaux (grèbes, aigles pêcheurs comme le balbuzard ou les pygargues, cormorans...) se nourrissent principalement ou exclusivement de poissons, qu'ils attrapent sous l'eau ou à la surface.

▼ martin-pêcheur

▲ faucon concolore

▼ pélican

▼ vautours oricous

Les oiseaux marins pélagiques (qui vivent en haute mer) sont uniquement des consommateurs de poissons, pour une raison bien évidente. Les oiseaux que l'on trouve le long des côtes marines, eux, ont un choix d'aliments plus variés : les algues (ramassées ou arrachées aux rochers ou sur le fond), les mollusques (extraits de la vase ou capturés sur les pierres), les crustacés, sans oublier les poissons de plus petite taille.

Les charognards, enfin, jouent un rôle important dans les écosystèmes en consommant les cadavres. Vautours dans l'Ancien Monde, urubus dans le Nouveau Monde, la majorité des charognards ont des mœurs assez identiques. Les rapaces charognards ne sont pas les seuls à consommer de la charogne : ils sont rejoints dans leur mode d'alimentation (notamment) par les marabouts, ces cigognes assez particulières.

▼ vautour pape   ▲ goéland à queue noire

Ils se nourrissent de fleurs

▲ colibri

On l'ignore souvent : près de 1600 espèces d'oiseaux se nourrissent du suc des fleurs ! Les nectarins et les souimangas d'Afrique et d'Asie, de petits oiseaux gracieux au bec recourbé et dont les mâles sont en général parés de couleurs vives, sont remplacés sur le continent américain par les sucriers, les perce-fleurs et les célèbres colibris. Les colibris s'immobilisent en vol devant les fleurs et pompent le nectar à l'aide de leur long bec, fin presque comme une aiguille. Le plus petit oiseau « mangeur de fleurs » est l'oiseau-bourdon. Vivant uniquement à Cuba (où on l'appelle le « zunzuncito »), ce minuscule volatile ne mesure pas plus de 6 cm : certains sphinx, de gros papillons qui se nourrissent également du nectar des fleurs, sont plus gros que lui !

▼ colibri

Mangeurs d'os

Les rapaces charognards (ou nécrophages) n'hésitent pas à ingurgiter des morceaux d'os lorsqu'ils dépècent une carcasse. Mais seuls quelques-uns se sont réellement spécialisés dans la consommation de cette nourriture très particulière : les plus connus sont les vautours percnoptères et le gypaète barbu.

Le gypaète barbu, pourtant un des plus grands vautours au monde, se nourrit en bonne partie d'os. Il peut les ingérer en entier, car ses sucs digestifs sont suffisamment puissants pour les dissoudre. Mais l'oiseau est aussi connu pour son habitude à emporter des os dans le bec et les laisser tomber du haut des airs sur des rochers pour qu'ils se brisent. Il arrive qu'un gypaète tue des tortues en agissant de la même façon, laissant tomber l'infortuné reptile du haut des airs pour faire éclater la carapace.

▼ gypaète barbu

Un bec pour chacun

Montre-moi ton bec et je te dirai ce que tu manges ! La forme du bec d'un oiseau en apprend beaucoup sur ce que mange celui-ci et sur la façon dont il récolte sa nourriture. Les limicoles introduisent leur long bec profondément dans la boue et la vase pour en déloger les mollusques et les vers ; le bec puissant des pics leur permet de forer le bois en le martelant de coups vigoureux ; le bec très spécial du bec-croisé des sapins lui sert à décortiquer les cônes des conifères pour en extraire les fruits ; le bec plat de nombreux canards leur est utile pour filtrer la vase ; celui du cormoran et d'autres oiseaux piscivores est muni de petites « dents » qui aident à retenir le poisson capturé ; le bec robuste de l'aigle lui permet de déchirer sa proie tandis que le bec plus fin du vautour agit comme des ciseaux. Un des becs les plus spécialisés est celui des flamants : il est spécialement conçu pour filtrer la vase des lacs alcalins et retenir les algues minuscules qui s'y cachent. Le bec le plus étrange est certainement celui du bec-en-sabot, un oiseau dont l'allure rappelle celle des cigognes et qui ne vit que dans quelques zones marécageuses d'Afrique de l'Est. Les scientifiques se demandent encore la raison d'être de ce bec volumineux : peut-être sert-il à l'oiseau pour capturer des silures, ces gros poissons-chats au corps un peu aplati...

▼ bec-en-sabot

▲ pic   ▼ pygargue à tête blanche   ▲ flamant rose   ▼ ibis rouge

De l'œuf à l'oiseau

▼ cardinal   ▲ cigognes

La saison de la reproduction est la période de l'année la plus active pour tous les oiseaux du monde. Dans nos contrées, la reproduction débute avec le retour du printemps. La première étape de cette aventure annuelle est de se choisir un territoire, une tâche qui incombe généralement aux mâles. Au terme de minutieuses recherches, les oiseaux territoriaux vont s'approprier un domaine au milieu duquel sera installé le nid.

C'est aussi la période durant laquelle les forêts, les jardins et les campagnes résonnent des chants d'oiseaux. Ces vocalisations plus ou moins harmonieuses suivant les espèces ne sont pas motivées par la poésie liée au retour des beaux jours, loin de là. Il s'agit pour les oiseaux d'affirmer leur possession d'un territoire et de convaincre tout intrus de rester à l'écart, mais aussi d'attirer les femelles.

De nombreuses espèces possèdent un chant territorial spécifique, qui est différent des autres cris qu'ils peuvent pousser, par exemple lorsqu'ils sont alarmés, en colère, etc.

Les oiseaux sociaux qui nichent en groupe (hérons, cormorans, cigognes peintes de l'Inde et bien d'autres) se rassemblent dans des bosquets d'arbres et ne défendent donc pas un territoire, se contentant de menacer les congénères s'approchant trop près de leur nid. Il en va souvent de même pour les oiseaux marins comme les mouettes, les goélands, les sternes, les guillemots, les frégates, les albatros, les manchots… groupés parfois par dizaines de milliers sur des falaises, des îlots déserts ou des bancs de sable. Leur « domaine » se réduit à la longueur de leur cou : tout intrus, adulte ou jeune, s'approchant trop près du nid est accueilli à grands coups de bec !

▼ manchots

Pour séduire...

▲ frégate

▲ grues du Japon ▼

Les mâles ont revêtu leur plus beau plumage, aux couleurs parfois très vives ou décoré de huppes, de longues queues ou d'autres artifices destinés à séduire leur future compagne. L'accouplement est souvent précédé de parades pendant lesquelles les oiseaux effectuent des danses plus ou moins élaborées : parmi les plus célèbres et les plus spectaculaires de ces danses amoureuses figure le ballet des grues, qui rivalisent d'élégance comme des danseuses humaines. Les grèbes huppés s'agitent sur l'eau en dressant leur long cou face à face, les buses et d'autres rapaces effectuent des pirouettes aériennes à grands renforts de cris sonores...

Des arènes de parade

Certains oiseaux ont développé des manières très particulières de faire la cour. C'est le cas (entre autres) du tétras-lyre ou petit coq de bruyère. À la saison de l'accouplement, les mâles se rassemblent avant le lever du soleil sur ce que l'on appelle un « lek », une arène de parade. Ils vont s'y mesurer en effectuant des danses rituelles, la queue largement déployée, le poitrail bombé, la tête haut dressée. Aux alentours, les femelles prêtes à s'accoupler attendent et observent discrètement...

▲ tétras des armoises

tétras-lyre ▼

Séducteurs à l'excès

Les veuves sont de petits oiseaux largement répandus en Afrique au sud du Sahara. D'aspect anodin durant la majeure partie de l'année, les mâles de certaines espèces, comme la veuve dominicaine ou la veuve de paradis, se parent de queues somptueuses pendant la saison de la reproduction. Chez la veuve à longue queue, cette « queue de parade » atteint presque trois fois la longueur du corps ! Excellent séducteur sans doute, le mâle est cependant tellement handicapé en vol par cet artifice qu'il devient une proie plus facile pour les prédateurs.

▼ veuve

Les oiseaux ont la parole...

Les vocalisations des oiseaux servent à communiquer à leurs semblables des sentiments simples, comme la peur, l'alarme, la colère... Le chant des oiseaux territoriaux représente un développement supplémentaire dans la communication, dont le but est de séduire une partenaire et d'écarter les concurrents. Certaines espèces ont développé des facultés vocales étonnantes, nettement au-dessus de la moyenne des autres oiseaux : les plus connus sont les mainates et les psittacidés (tels que l'ara, le perroquet,...). Quelques-uns sont devenus des vedettes internationales : Sparkie, une perruche ondulée mâle élevée en captivité et qui vécut dans les années 1950 aux États-Unis, était capable de répéter 531 mots et 383 phrases !

▼ ara macao

Nids en tous genres

L'accouplement terminé, les choses plus sérieuses vont commencer. Les oiseaux entreprennent la construction du nid, une tâche à laquelle s'activent souvent les deux partenaires. À l'aide de brindilles, de plumes, de feuilles, de boue, de salive ou d'objets divers (fils, morceaux de tissu, mousses), les oiseaux vont construire le logement typique de leur espèce, qui accueillera bientôt les œufs.

Certains oiseaux ne consacrent pas beaucoup d'efforts ni d'imagination à construire leur nid : beaucoup d'espèces nichant sur les rochers (oiseaux marins, vautours...) se contentent d'aménager un petit creux dans le sol, qu'ils garnissent vaguement pour le rendre plus confortable. Pour d'autres en revanche, construire le nid est une science ou un art ! Certains préfèrent la sécurité que leur offre un terrier dans le sol et creusent une galerie à l'aide leur bec : c'est le cas du célèbre martin-pêcheur, du macareux moine, de la chouette des terriers... Certains rapaces, principalement des aigles, renforcent chaque année le même nid fait de branches, qui finit par devenir énorme : on connaît des nids d'aigle américain de 2,50 m de diamètre et pesant près de 2 tonnes !

▼ nectarin

▲ hirondelles   ▲ tisserin

Les calaos et les toucans aménagent une cavité dans les troncs d'arbres : la femelle s'y laisse enfermer par son compagnon, qui rebouche l'entrée avec de la boue. En séchant, la boue devient dure comme de la pierre et protège la femelle à l'intérieur de toute attaque par des prédateurs. Les oiseaux ne laissent libre qu'une fente de la largeur exacte du bec, par laquelle le mâle nourrit la femelle durant toute l'incubation. Lorsque les œufs ont éclos, la femelle brise elle-même cette cloison à l'aide de son bec pour sortir et aller nourrir ses oisillons.

Le fournier roux (un petit oiseau d'Amérique du Sud) construit un gros nid en boule à l'aide de boue, de sable, de bouse de vache... La forme de ce nid, qui évoque celle d'un ancien four à pain, lui a valu localement le surnom

▼ nectarins

▲ buse de Harris

▲ goélands

de « boulanger ». En séchant, les parois de ce nid très particulier durcissent et peuvent résister à un jet de pierre. La chambre où sont pondus les œufs est séparée du corridor d'entrée par une petite cloison.

Certains oiseaux se révèlent de véritables artistes lorsqu'il s'agit de construire le nid. Les grèbes et d'autres oiseaux aquatiques construisent des nids flottants parfaitement étanches. Les tisserins des régions chaudes, la rémiz penduline (petit oiseau apparenté aux mésanges et qui vit dans les marais des régions tempérées) et bien d'autres encore tissent véritablement leur nid en mêlant des centaines de brindilles entre elles. Ces logements végétaux, qui pendent généralement aux branches, peuvent avoir des formes très diverses comme une goutte d'eau géante, une bourse, une poche de cornemuse...

Certains sont munis de plusieurs entrées. Quelques fauvettes cousent deux ou plusieurs grandes feuilles ensemble à l'aide d'herbes résistantes, pour aménager leur nid dans l'abri qu'elles ont ainsi créé.

Les mégapodes, des oiseaux de la taille d'un faisan vivant en Asie du Sud-Est et en Océanie, rassemblent un énorme amas de feuilles et d'autres débris végétaux, qu'ils recouvrent de sable : les plus gros de ces monticules peuvent atteindre 6 m de haut ! Ils laissent à la chaleur, produite par le pourrissement des végétaux sous le sable, le soin d'incuber les œufs, de la même façon que certains reptiles (crocodiles, tortues) avec lesquels ils ont de très lointains ancêtres communs. Une espèce, le leipoa ocellé, va plus loin encore en veillant en permanence à la bonne température à l'intérieur du « nid ». Le bec du mâle est équipé d'un véritable

▲ bécasse

« thermomètre » naturel : lorsque le nid est trop chaud, le mâle dégage du sable, et au contraire en ajoute lorsque la température intérieure baisse ! La femelle ne vient au nid que pour pondre un œuf par semaine pendant des mois. Le mâle passe donc une bonne partie de sa vie à régler la température du nid ! Aucun des deux parents ne se soucie des jeunes, capables de se débrouiller tout seuls dès leur sortie du nid.

Quelques oiseaux ne prennent pas la peine de se construire un nid, de couver les œufs et d'élever les oisillons. Ils ont résolu tous ces problèmes en confiant ces lourdes tâches à d'autres oiseaux... sans même leur demander leur avis ! Le plus célèbre de ces parasites de nids est bien sûr le coucou gris, mais d'autres espèces comme les veuves, les combassous, les molothres ou les coulicous font de même.

▼ pic

123

Des nids géants

Quelques espèces d'oiseaux construisent leur nid en commun. C'est le cas des perruches moines ou du tisserin social. Chaque couple apporte sa contribution à l'édifice, qui s'agrandit au fil des ans et finit par devenir une énorme masse de petites branches séchées. Chaque couple possède son entrée et sa chambre... Certains nids de tisserins sociaux (des oiseaux de la taille d'un moineau vivant en Afrique australe) hébergent des centaines de couples et atteignent un poids de l'ordre de 200 kilos. On a connu des nids tellement lourds qu'ils faisaient s'effondrer la grosse branche à laquelle ils étaient fixés !

▲ perruches moines

Famille nombreuse ou enfant unique

Tous les oiseaux ne pondent pas le même nombre d'œufs. Bizarrement, les plus grandes couvées se retrouvent parfois chez certains oiseaux très petits, comme les roitelets et les mésanges. La mésange bleue et la mésange charbonnière peuvent ainsi pondre jusqu'à 14 œufs, et certains couples ont deux nichées par an ! Les canards, les perdrix et les faisans sont aussi connus pour avoir des familles nombreuses. À l'opposé, les albatros, les manchots et d'autres oiseaux encore ne pondent qu'un seul œuf.

Le record des familles nombreuses revient à l'autruche. Toutes les femelles d'un même harem pondent dans le même nid au sol, mais la femelle dominante et le mâle sont seuls à s'occuper de la couvée puis de l'élevage des petits. On peut ainsi voir certains couples suivis de 30, 40 ou 50 jeunes autruches !

▼ œufs d'autruche

Aux petits soins

À la ponte succède une période d'incubation des œufs, qui peut atteindre 80 jours chez le kiwi ou chez certains albatros, et qui contraint les parents à veiller en permanence sur le nid : il s'agit non seulement de garder les précieux œufs au chaud, mais aussi de les protéger contre les pluies, le soleil trop généreux ou encore les prédateurs de toutes sortes, mammifères, autres oiseaux, reptiles... Puis un jour, les œufs se mettent à éclore, souvent à quelques jours d'intervalle. Une période plus active encore débute pour les parents, celle qui consiste à nourrir les oisillons, véritables machines à manger éternellement affamés. Chez certaines espèces, les parents consacrent jusqu'à vingt heures par jour à alimenter leurs rejetons.

▼ merles

▲ corbeaux

Au terme d'une période qui peut aller jusqu'à plus de trois mois chez certains vautours, les petits sont en principe capables de se débrouiller par eux-mêmes et les parents les rejettent sans autre forme de procès, se montrant tout à coup indifférents aux supplications des oisillons qui continuent à quémander de la nourriture. Pour de nombreux oiseaux, principalement ceux qui se nourrissent de graines ou d'autres végétaux faciles à trouver en abondance, cette transition s'effectue sans problèmes. Mais pour d'autres, comme les rapaces qui doivent apprendre à chasser, il s'agit de la période la plus risquée de toute leur existence : bien des jeunes nouvellement livrés à eux-mêmes périssent avant d'avoir pu développer leurs talents de chasseurs avec suffisamment d'efficacité...

▼ jeunes chouettes

Les reptiles

Sortis de l'eau

Il y a environ 300 à 360 millions d'années, les reptiles émergèrent des eaux pour devenir des animaux entièrement terrestres. Cette évolution leur donna l'occasion de prendre le dessus sur les amphibiens, leurs ancêtres. À cette époque, la terre ferme offrait des conditions de vie idéales : des plantes primitives couvraient le sol et les insectes foisonnaient déjà, ce qui permettait de se nourrir en abondance, tandis que le faible nombre d'espèces présentes comparé à la profusion de créatures vivant dans l'élément liquide rendait moins âpre la lutte pour la survie.

Rapidement, les reptiles allaient dominer toutes les autres créatures : un règne sans partage qui durera près de 200 millions d'années. D'innombrables formes apparurent, depuis les minuscules cotylosaures atteignant tout juste la taille d'un rat jusqu'aux redoutables brontosaures et autres tyrannosaures, en passant par des colosses gigantesques comme Brachiosaurus, qui atteignait 30 m de long pour un poids de 80 tonnes ! Un nombre important d'espèces, comme les plésiosaures, retournèrent par la suite vers le milieu aquatique après 70 millions d'années de vie terrestre, tandis que quelques-uns, tel le ptérosaure, se lançaient même à la conquête des airs.

Les savants considèrent l'apparition des reptiles sur notre planète comme une étape capitale dans l'évolution de la vie animale : ce sont eux qui tracèrent le long chemin qui allait par la suite permettre la naissance des oiseaux et des mammifères...

▲ apatosaurus

▲ caïman

L'évolution des reptiles

tortue géante des Galapagos ▼

On pourrait comparer les reptiles actuels aux rares rescapés d'un grand navire ayant fait naufrage... Les espèces contemporaines ne sont en effet qu'un timide souvenir de la fantastique profusion d'espèces et de formes qui caractérisa autrefois leurs ancêtres.

Un des faits les plus marquants – et les plus mystérieux – dans l'histoire des reptiles est la rapidité avec laquelle leur âge d'or prit soudainement fin. Il y a environ 65 millions d'années, la planète était dominée par les célèbres dinosauriens, qui avaient créé des formes adaptées à la plupart des habitats et étaient capables de profiter de (presque) toutes les niches écologiques. En une période de temps extrêmement courte (à l'échelle des temps géologiques !), toute cette faune si riche, diversifiée et exubérante disparut complètement : non seulement des espèces s'éteignaient, mais aussi des familles, des genres entiers de reptiles, de toutes les tailles et vivant sous toutes les latitudes.

Diverses causes ont été avancées pour expliquer cette incroyable hécatombe. Certaines paraissent plus plausibles, d'autres ressemblent à des tentatives désespérées d'expliquer l'impossible. La théorie la plus généralement acceptée fait état d'une modification profonde du climat, qui connut à cette époque un important refroidissement (peut-être dû à l'impact d'une énorme météorite sur notre planète). Incapables de conserver

tortue verte ▲

▲ lézard

varan de Komodo ▲

une température corporelle suffisante, les grands reptiles n'auraient eu aucune chance d'échapper à ces nouvelles conditions et disparurent en masse...

À l'heure actuelle, les reptiles sont de tailles nettement plus modestes que leurs ancêtres géants, à l'exception de quelques crocodiliens et tortues marines. Les scientifiques reconnaissent quatre ordres principaux, regroupant au total près de 6 000 espèces :

– les **chéloniens**, comprenant les tortues terrestres, aquatiques et marines (au total environ 300 espèces) ;
– les **crocodiliens**, comprenant les crocodiles, les alligators, les caïmans et le gavial (au total environ 25 espèces) ;
– les **squamates**, comprenant les serpents et les lézards (au total près de 5 700 espèces) ;
– les **rhynchocéphales**, ordre représenté par une seule espèce, le hattéria (ou sphénodon).

vipère arboricole ▲

▲ crocodile du Nil

L'énigmatique hattéria

Le hattéria (ou sphénodon) est le dernier représentant d'un groupe de reptiles autrefois très répandu, les rhynchocéphales. Il ressemble à un gros lézard et n'a pour ainsi dire plus changé depuis 200 millions d'années. Le hattéria ne survit que sur une vingtaine de petites îles au climat rude en Nouvelle-Zélande, et nulle part ailleurs au monde.

On n'a toujours pas compris pourquoi ce reptile a survécu alors que les espèces apparentées qu'il côtoya il y a si longtemps ont disparu. Caché dans ses terriers dont il ne sort que le soir pour partir à la chasse aux insectes dans le brouillard, le mystérieux hattéria garde aujourd'hui encore une bonne partie de ses secrets...

▼ hattéria

Coquille dure

▲ éclosion d'un œuf d'une tortue d'Hermann

Les reptiles ne furent en mesure de prendre possession de la terre ferme qu'à partir du moment où ils « inventèrent » l'œuf à coquille dure (en calcaire). À l'origine, les œufs des reptiles avaient la même apparence que celle qu'ont aujourd'hui encore les œufs des amphibiens : ils étaient enveloppés dans une coquille molle remplie de liquide, bien pratique dans l'élément aquatique mais qui n'est d'aucune utilité sur la terre ferme où elle dessèche très rapidement.

Les oiseaux ne sont donc pas du tout les premiers à avoir pondu des œufs à coquille dure : ils ont tout simplement hérité cette capacité des reptiles. L'œuf a connu des améliorations importantes tout au long de l'évolution : capable de protéger l'embryon contre les petits animaux, sa coquille dure laisse pénétrer l'oxygène nécessaire pour que celui-ci puisse vivre et se développer à l'intérieur en utilisant les réserves internes. Il suffit de comparer le nombre limité d'œufs pondus par les reptiles (quelques-uns chez les serpents ou les tortues terrestres, quelques centaines tout au plus chez les tortues marines) avec les milliers d'œufs déposés par les grenouilles et les crapauds, pour se rendre compte à quel point la coquille dure permet de limiter les pertes.

Des naissances différentes

Des termes savants et assez compliqués désignent les différentes manières dont se reproduisent les reptiles. Beaucoup sont ovipares, c'est-à-dire qu'ils pondent, comme les oiseaux, leurs œufs qui mettront un certain temps pour éclore. C'est le cas notamment de toutes les tortues, de tous les crocodiliens et du hattéria. La majorité des lézards et de nombreux serpents, en revanche, est vivipare : les petits quittent le corps de la femelle entièrement formés et prêts à affronter le monde. Certains reptiles sont qualifiés d'ovovivipares : chez ceux-là, les œufs, prêts à être « pondus », restent dans le ventre de la femelle où ils poursuivent leur développement. Les petits quittent le corps maternel dès qu'ils sortent de l'œuf, dont la coquille est

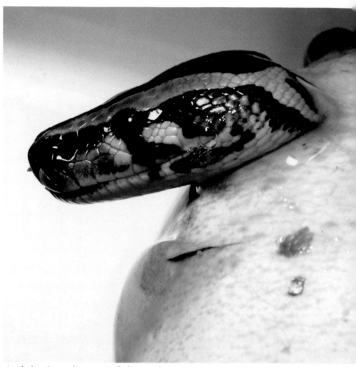

▲ éclosion d'un œuf de python

ensuite éjectée par la femelle. Les boas, beaucoup de serpents marins et certaines vipères sont ovovivipares.

▼ ponte d'élaphe obsolète

Mâles ou femelles ?

Chez les reptiles, c'est la chaleur dans laquelle baignent les œufs qui va déterminer le sexe des nouveau-nés ! Les tortues (terrestres ou marines) et les crocodiliens pondent dans le sable ou la terre : si la température moyenne du sol durant l'incubation est plus basse, ce sont principalement des mâles qui sortiront des œufs ; au contraire, si elle est plus élevée, la majorité des jeunes sera des femelles. Chez les tortues marines, par exemple, le seuil de température faisant la différence entre les sexes se situe généralement aux alentours de 28 à 30 °C. Cette astuce de la nature permet souvent de faire naître un maximum de femelles, plus importantes pour la reproduction ultérieure de l'espèce : les reptiles pondent en effet une grande quantité d'œufs pendant les périodes les plus chaudes de l'année dans la région où ils se trouvent.

Même chez des reptiles donnant naissance à des petits complètement formés, la température joue un rôle pour déterminer le sexe de ces nouveau-nés. Des scientifiques australiens ont récemment prouvé que lorsque les femelles de lézards peuvent passer beaucoup de temps en plein soleil, et donc augmenter leur température corporelle pendant la gestation, elles mettent au monde plus de femelles que de mâles, et inversement !

De rares mères attentives

Chez la grande majorité des espèces ovipares, les femelles se contentent de pondre et d'abandonner les œufs à leur sort, tandis que chez les espèces vivipares, les petits se débrouillent tout seuls dès la naissance.

Chez les reptiles qui ne pondent qu'un nombre limité d'œufs, les pertes sont compensées par la durée de vie élevée des adultes. Chez les espèces qui pondent un nombre d'œufs plus important, ce nombre élevé permet de compenser les pertes énormes et d'assurer que quelques individus atteignent l'âge adulte pour participer à la survie de l'espèce.

Seuls quelques rares reptiles se soucient de leur progéniture : c'est le cas de serpents (quelques espèces de pythons, de couleuvres et de vipères) ou des orvets (lézards sans pattes). En Amérique, certains scinques (genre de lézards au corps massif) protègent leurs œufs contre les intrus et veillent à ce qu'ils gardent toujours la chaleur nécessaire.

La femelle de l'alligator américain construit un nid à l'aide de débris végétaux. Ce nid se présente sous la forme d'un monticule pouvant atteindre plus d'1 m de haut pour un diamètre de 2 m à la base. Elle pond jusqu'à 80 œufs et veille à proximité du nid jusqu'à ce que les œufs éclosent, chassant violemment tout intrus. Lorsque les petits sont prêts à sortir des œufs, ils poussent de petits cris qui attirent la femelle : celle-ci les aide à sortir du nid.

▼ alligator américain

Animaux primitifs ?

▲ vipère à cornes

Les spécialistes considèrent les reptiles comme des animaux relativement primitifs sur l'échelle de l'évolution. Comparativement aux oiseaux et surtout aux mammifères, une partie importante des comportements manifestés par les reptiles est innée, c'est-à-dire que ces comportements sont héréditaires, transmis de génération en génération dans le bagage génétique de chaque individu. Les reptiles fonctionnent donc plus par les réflexes que par la réflexion.

Tous les reptiles ont en commun un certain nombre de caractères : ce sont tous des vertébrés, ils ont le corps couvert d'écailles ou de plaques osseuses et ont une respiration dite « aérienne » (ils respirent de l'air à l'aide de poumons). Mais ils présentent une grande variété de formes, de tailles et d'adaptations particulières aux conditions écologiques de leurs habitats.

La vue joue un rôle important chez les reptiles. Les yeux ont subi des adaptations particulières aux différents groupes. Si la plupart des lézards possèdent des yeux aux paupières mobiles, les serpents ont les yeux couverts d'une paupière transparente fixe, ce qui leur permet de ne jamais devoir fermer les yeux, et leur donne ce regard fixe sans doute responsable d'une certaine peur qu'ils inspirent aux humains. Les yeux des caïmans pris de nuit dans un faisceau lumineux brillent d'une lueur légèrement inquiétante, due à un pigment de la rétine qui favorise la vision nocturne de ces animaux. Les caméléons ont des yeux en forme de cône protégé par une paupière unique dans laquelle est ménagé un petit trou juste devant la pupille. Chez les reptiles menant une existence souterraine en revanche, les yeux, devenus à peu près inutiles, sont souvent réduits à deux petits points noirs qui apparaissent à peine sous la peau.

Où trouver des reptiles ?

Les reptiles se sont répandus sur tous les continents à l'exception de l'Antarctique, le continent blanc où les températures trop basses ne permettent pas leur survie. Car les reptiles sont d'abord et avant tout des animaux des régions plus chaudes : la majorité des espèces vit dans les régions tropicales et équatoriales, bien que l'on trouve aussi

cobra ▲

des lézards, des serpents et des tortues aquatiques dans les régions tempérées et froides. La vipère péliade (aussi appelée à juste titre « vipère du Nord ») est répandue jusqu'en Écosse, en Scandinavie et en Sibérie, et les migrations de la tortue-luth (une espèce marine) portent parfois celle-ci jusqu'au large du Canada et du Groenland.

Les forêts tropicales sont les milieux de prédilection de très nombreux reptiles : serpents, lézards, tortues terrestres et aquatiques, crocodiles, caïmans... C'est dans ces habitats naturels riches en vie animale que l'on peut notamment rencontrer les plus gros serpents comme les pythons, boas et autres anacondas. Les forêts tropicales d'Amazonie ou de l'Indochine comptent des dizaines d'espèces de tortues aquatiques. Bien des espèces, comme les serpents-lianes, les serpents-fouets et d'autres, passent pour ainsi dire toute leur vie dans les arbres.

De nombreuses espèces de lézards et de serpents, ainsi que quelques tortues, se sont quant à elles adaptées aux zones sèches. Les reptiles abondent généralement dans les régions couvertes de forêts sèches, comme dans le bassin méditerranéen. On trouve aussi des reptiles dans les déserts. Plusieurs lézards et des vipères parviennent à vivre dans le sable du Sahara et d'autres déserts, où ils évitent les températures diurnes extrêmes que peut atteindre la surface du sable (jusqu'à plus de 60 °C !) en s'enterrant aux heures les plus chaudes.

lézard ▶

▲ tortue-boîte

▼ iguane marin

▼ iguane marin

▲ caméléon

Les relations entre les reptiles et les hommes ne sont généralement pas des plus pacifiques. Pourtant, certaines espèces peuvent vivre au contact plus ou moins proche des humains. Plusieurs variétés de tortues terrestres parviennent ainsi à survivre dans les zones agricoles d'Amérique du Nord, par exemple. Mais rares sont les reptiles ayant réussi l'exploit de tirer profit des installations de l'homme, leur ennemi juré. C'est surtout le cas des geckos, des lézards de petite ou de moyenne taille aux doigts munis de ventouses, qui chassent activement les insectes et que l'on trouve dans la plupart des régions chaudes. Certaines espèces sont devenues abondantes dans les habitations humaines, où l'on peut les voir s'activer sur les murs et les plafonds dès la tombée de la nuit. En Afrique, le petit serpent des maisons, totalement inoffensif, pénètre souvent dans les maisons (d'où son nom...) : il est généralement redouté – et persécuté – à tort par les habitants, ce qui est dommage et injuste puisqu'il débarrasse leurs habitations des rongeurs qui y pullulent.

Vivre dans l'eau

▲ tortue imbriquée

Bien des reptiles aiment l'eau. Les crocodiles, alligators, caïmans et le gavial sont incapables de vivre loin des zones humides. Les tortues aquatiques peuplent les lacs, les étangs, les marais et les cours d'eau : immobiles dans la vase pendant des heures, elles guettent patiemment les petites proies passant à proximité de leur gueule avant de se jeter sur elles avec une rapidité surprenante. Le crocodile marin, répandu en Asie du Sud-Est et dans le nord de l'Australie, fréquente les estuaires et les marais côtiers. Cet énorme crocodile est capable de parcourir de longues distances en mer pour atteindre des îles, ce qui lui a valu son nom de « marin ». Pourtant, il ne s'agit pas à proprement parler d'une espèce marine.

Les seuls reptiles que l'on peut réellement qualifier de marins sont des tortues et des serpents. Il existe à l'heure actuelle 8 espèces de tortues marines. Nomades en errance perpétuelle, ces tortues de grande taille effectuent généralement des migrations de plusieurs centaines, voire plusieurs milliers de kilomètres entre leurs zones d'alimentation et leurs sites de reproduction. Les tortues marines passent toute leur vie en mer, mais les femelles doivent revenir sur la terre ferme pour pondre.

Les serpents de mer sont eux aussi des reptiles totalement liés au milieu marin : on en connaît près de 70 espèces, principalement réparties dans l'océan Pacifique où ils vivent surtout dans les régions riches en récifs coralliens. Ils passent toute leur existence en mer. La plupart de ces serpents sont très venimeux mais généralement peu agressifs. Divers aspects de leur comportement restent encore peu connus à l'heure actuelle. L'iguane marin, que l'on ne trouve que sur le célèbre archipel des Galápagos, au large de l'Équateur, se nourrit en mer mais se repose, s'accouple et se reproduit sur la terre ferme.

Géants et nains

varans de Komodo ▲

Les plus grands pythons officiellement mesurés dépassent tout juste les 10 m de longueur, tandis que le minuscule « serpent-pot de fleur » atteint tout au plus 12 cm à l'âge adulte (ce serpent originaire d'Inde est appelé ainsi parce qu'on le trouve souvent dans la terre des pots de fleurs, beaucoup de jardiniers le prennent pour un simple ver de terre !). L'inoffensif crocodile nain d'Afrique parvient rarement à dépasser 1 m tandis que le redoutable crocodile marin d'Australie dépasse les 7 m pour un poids pouvant excéder la tonne ! Les plus modestes lézards, longs de 10 à 20 cm, font piètre figure face à leurs plus gros cousins, les varans. Ceux-ci comptent dans leurs rangs le « dragon » de Komodo, géant de 2,50 m à 3 m de longueur pouvant peser plus de 100 kg : un véritable rescapé de la préhistoire ! Les plus petites tortues terrestres pèsent moins de 150 g, alors que le poids de la tortue-luth, une tortue marine, peut approcher la tonne pour une taille qui avoisine les 2 m !

▼ python

Les reptiles ont la peau couverte d'écailles. Mais toutes ne sont pas identiques ! En matière d'écailles et de décorations ornant la peau des reptiles, la nature semble en effet avoir laissé libre cours à toute son imagination...

Les écailles des hélodermes (de gros lézards des régions sèches d'Amérique du Nord) ressemblent plus à de grosses pustules rondes qu'aux écailles classiques des serpents. Les écailles de certains amphisbènes (des lézards sans pattes qui vivent dans la terre) ont l'apparence d'anneaux parallèles qui donnent à ces reptiles un aspect de gros vers de terre. Les iguanes ont le dos couvert d'une véritable crête qui évoque celle des dragons des légendes. Le moloch (un lézard d'Australie) a le corps couvert d'épines dont deux particulièrement grosses au-dessus des yeux.

Les vipères à cornes ont des écailles en forme de petites « cornes » au-dessus des yeux ou sur l'avant de la tête, certains crocodiles ont des rangées d'épines sur toute la longueur de leur corps et plusieurs caméléons possèdent de longues « cornes » spectaculaires sur le nez, qui leur donnent une allure de rhinocéros.

La peau des serpents est particulièrement élastique, ce qui permet à ces reptiles de la distendre à l'extrême pour avaler des proies parfois démesurées par rapport à leur propre taille. Les squamates (serpents et lézards) effectuent des mues régulières tout au long de leur vie. Les serpents muent en une seule fois, et il n'est pas rare de trouver dans la nature l'« enveloppe » vide d'un serpent venant de muer. Chez les lézards, en revanche, la mue s'effectue progressivement et ces animaux se « pèlent » régulièrement la peau à l'aide de leur bouche pour en faire tomber les parties mortes.

▼ moloch

Lézards sans pattes ou serpents à pattes ?

Les lézards regroupent à eux seuls près de 3 000 espèces dans le monde. Sous le terme de « lézards », on regroupe plusieurs groupes de reptiles comme les lézards véritables (lacertidés), les varans, les scinques, les iguanes, les agames, les orvets, les geckos, les caméléons, les hélodermes, les tépus...

Tout le monde pense que les serpents n'ont pas de pattes, tandis que les lézards en ont quatre bien visibles... Et c'est en effet la règle, mais une règle assortie d'exceptions. Les serpents constricteurs comme les pythons, les boas et l'anaconda possèdent encore de petits vestiges de pattes arrière (des ergots) bien visibles, qu'ils peuvent faire bouger. Les orvets sont des lézards ayant totalement perdu leurs pattes, ce qui les fait confondre avec des serpents. Les amphisbènes (lézards souterrains) ont eux aussi perdu leurs pattes, à l'exception des chirotes, des lézards souterrains vivant au Mexique et en Californie. Ces étranges reptiles possèdent encore deux petites pattes avant armées de griffes massives qui leur servent à creuser des galeries, un peu à la façon des taupes.

▼ orvet

Recréer des organes

Les reptiles font preuve d'une faculté remarquable de régénération des tissus vivants. La plus célèbre manifestation de cette faculté est donnée par de nombreux lézards qui peuvent se séparer de leur queue pour tromper un prédateur, qui ne sait alors plus quel morceau attaquer ! La queue ainsi perdue repousse tout simplement par la suite...

On rencontre aussi des tortues marines ayant subi l'attaque d'orques ou de requins, qui les ont amputées d'une patte entière ou d'une partie de patte. Il n'est pas rare que ces membres repoussent, au moins partiellement ou parfois déformés.

De nombreux lézards, de même que les orvets, peuvent se séparer de leur queue lorsqu'ils sont attaqués. Chez ce scinque à queue bleue, c'est la couleur de la queue qui attire l'attention du prédateur.

lézard ▲

▼ scinque de Skilton

Fascinants caméléons

Les caméléons sont peut-être les lézards les plus populaires. On connaît surtout leur capacité à modifier la couleur de leur peau pour mieux passer inaperçus : certains parviennent ainsi à passer du gris au vert ou deviennent rouges lorsqu'ils sont en colère. Mais les caméléons sont aussi remarquables pour leurs yeux très performants, qu'ils peuvent à souhait faire bouger ensemble ou indépendamment l'un de l'autre. Leur queue préhensile et leurs mains en forme de pinces leur permettent de s'accrocher fermement au support sur lequel ils se tiennent pour guetter les insectes dont ils se nourrissent et qu'ils capturent en propulsant comme l'éclair leur longue langue. Celle-ci peut atteindre la longueur totale de leur corps et de leur queue et est enduite de glu comme un vulgaire attrape-mouches.

Madagascar est véritablement la patrie des caméléons : c'est sur cette grande île au large de l'Afrique australe que l'on trouve près de la moitié des espèces connues, dont le plus grand (le caméléon de Parson, qui peut atteindre 60 cm) et aussi le plus petit (le caméléon nain à queue courte, qui mesure à peine 3,5 cm !). Près d'une dizaine de nouvelles espèces ont encore été découvertes à Madagascar depuis 1990...

Les caméléons ne sont pas les seuls reptiles à pouvoir modifier la couleur de leur peau : certains autres lézards y parviennent également, et en juin 2006, des scientifiques ont découvert dans les forêts du Kalimantan, à Bornéo, un serpent aquatique capable de passer du rouge-brun au blanc complet.

▼ caméléon-léopard

▼ caméléons de Johnston ▲

Une «maison sur le dos»

Les tortues sont un cas à part dans le monde des reptiles. Les tortues telles que nous les connaissons aujourd'hui seraient apparues il y a 200 à 250 millions d'années : c'est à cette époque que les scientifiques situent l'« invention » de la carapace. Pour pouvoir porter une telle armure qui lui couvre non seulement le dos mais également le ventre, le corps de la tortue a dû subir des modifications énormes. Ses côtes se sont aplaties et élargies, la colonne vertébrale s'est soudée au dos de la carapace, le cou s'est allongé. Comme elle ne peut plus modifier le volume de sa cage thoracique, la tortue est obligée de contracter certains muscles pour permettre aux poumons de se remplir d'air, et de contracter ensuite d'autres muscles lui permettant d'évacuer cet air des poumons. Enfin, ses pattes sont devenues lourdes et massives pour pouvoir supporter le poids de la carapace.

▼ tortue-léopard

▲ tortue-alligator

Le plus surprenant peut-être est de constater qu'à l'heure actuelle encore les embryons des tortues « naissent » toujours comme des reptiles sans carapace et doivent subir dans l'œuf toutes les adaptations citées plus haut avant de devenir de véritables tortues prêtes à éclore !

Certaines tortues aquatiques d'Amérique et d'Asie ont une carapace « molle » qui a l'apparence et la consistance du cuir : c'est le cas notamment des trionyx vivant dans les grands fleuves de l'Inde. La tortue-luth, la plus grosse des tortues marines, a elle aussi une carapace à l'aspect de cuir, ce qui lui vaut parfois le nom de « tortue-cuir ».

▼ tortue des Galapagos

Changer de température

On entend souvent dire que les reptiles ont le sang froid. S'il est vrai que la température de leur corps peut descendre bien en dessous de la température normale du corps des mammifères, il est plus exact de dire que les reptiles peuvent modifier la température de leur corps : leur sang peut donc être plus chaud ou plus froid. La température interne chez les reptiles est en fait tributaire de la température ambiante.

Pour pouvoir mieux contrôler leur température, les reptiles ont adopté un certain nombre de comportements : ils s'exposent au soleil, s'aplatissent sur le sol pour mieux en capter la chaleur, se terrent à l'ombre aux heures les plus chaudes (sous une pierre, dans le sable, sous les feuilles mortes du sol…). Lorsqu'ils s'exposent au soleil, ils changent souvent de position afin de mieux réchauffer chaque partie de

▼ python de Nouvelle-Guinée

▲ gecko

leur corps. Dans les régions les plus chaudes comme les déserts, c'est donc surtout en début et en fin de journée, ou bien la nuit si celle-ci n'est pas trop froide, que la plupart des reptiles s'activent.

Le métabolisme (fonctionnement) des reptiles est plus lent que celui des mammifères, ce qui leur permet de consommer moins de calories et donc de devoir s'alimenter bien moins régulièrement : un boa de bonne taille ayant capturé un mammifère tel qu'un petit cerf ou un pécari pourra digérer sa proie tranquillement pendant des semaines avant de partir à nouveau en quête de nourriture.

▼ monstre de Gila

Peu d'herbivores

On compte peu d'herbivores dans le monde des reptiles. La majorité de ces animaux, qu'il s'agisse de lézards, de serpents, de tortues ou de crocodiliens, consomment de la nourriture animale, qu'ils se procurent de manière active en chassant des proies. L'éventail des proies consommées par les reptiles est énorme et très diversifié : leur menu comprend des invertébrés comme les insectes, les vers de terre ou les escargots, des oiseaux et leurs œufs, des mammifères, des poissons, des méduses, des crustacés, du corail... ou d'autres reptiles.

Le « club » des herbivores est essentiellement composé de tortues. La plupart des tortues terrestres consomment principalement de la nourriture végétale, tandis que la majorité des tortues aquatiques, en revanche, est carnivore. Une des adaptations les plus remarquables pour la capture de proies est celle de la tortue-alligator, une grosse tortue aquatique très vorace et assez agressive, que l'on trouve dans le sud-est des États-Unis. Elle guette ses proies en restant immobile, parfaitement camouflée dans la vase. Au fond de la gueule, qu'elle tient ouverte, elle possède un petit organe qu'elle peut agiter et qui ressemble à s'y méprendre à un petit ver aquatique. Lorsqu'un poisson se laisse attirer par cet appât, la tortue ferme la gueule en une fraction de seconde sur son infortunée victime... Chez les tortues marines, la tortue verte est la seule à être principalement herbivore, même si la tortue caouanne agrémente son menu carné en consommant des algues. Tortues mises à part, les iguanes terrestres et marins sont les seuls reptiles que l'on peut cataloguer comme étant essentiellement herbivores.

▼ alligator

▲ lézard

▼ crotale ▲ agame barbu

Les amphibiens

Qui sont les amphibiens ?

Pas tout à fait terrestres, plus vraiment aquatiques, les amphibiens actuels semblent encore hésiter entre deux mondes...

Les premiers animaux vertébrés à quitter la mer pour se lancer sur la terre ferme étaient des amphibiens : c'était il y a quelque 370 millions d'années. Ils étaient les descendants d'une lignée de poissons primitifs à squelette osseux qui acquirent des poumons et développèrent des nageoires suffisamment robustes pour pouvoir supporter leur poids sur la terre ferme, nageoires qui devinrent par la suite les premières pattes véritables. Les amphibiens furent donc les premiers vertébrés à quatre pattes, à partir desquels allaient se développer tous les autres animaux dits supérieurs (reptiles, oiseaux, mammifères). Ils furent également les premiers vertébrés à posséder une langue, des oreilles et des organes vocaux.

Le premier amphibien connu (grâce à des fossiles retrouvés), nommé *Ichtyostega* par les scientifiques, avait encore l'apparence d'un poisson sur courtes pattes muni d'une longue et grosse queue. Ensuite, les nouvelles espèces prirent peu à peu une allure qui les fit plus ressembler aux tritons et aux salamandres que l'on connaît encore aujourd'hui. Le plus gros amphibien préhistorique connu mesurait... plus de 4 m !

Les amphibiens connurent leur âge d'or et dominèrent la terre ferme pendant des millions d'années avant d'être détrônés par un nouveau « type » animal plus performant, lui-même né au départ d'un groupe particulier d'amphibiens : les reptiles. On peut donc dire que les amphibiens furent l'intermédiaire entre les poissons et les reptiles.

salamandre tachetée ▼

▲ triton

grenouille verte ▼

Trois groupes principaux

Les scientifiques divisent les amphibiens en trois ordres :

– les **anoures,** comprenant les amphibiens sans queue, c'est-à-dire les grenouilles et les crapauds. Ce sont les plus nombreux, environ 90 % de tous les amphibiens ;

– les **urodèles,** considérés comme plus primitifs que les anoures, ils regroupent les tritons et les salamandres, ainsi que quelques autres espèces moins connues et souvent étonnantes comme l'axolotl ou le protée ;

– les **apodes,** les plus étranges de tous les amphibiens. Avec leur long corps sans pattes, ils ressemblent plus à des serpents qu'aux autres amphibiens. Ils vivent dans les régions tropicales, dans le sol humide ou dans la vase des marais. Les plus petites espèces n'atteignent qu'une quinzaine de centimètres, les plus grandes peuvent dépasser un mètre. Leur peau, visqueuse, produit chez certaines espèces des sécrétions nauséabondes et/ou toxiques.

crapaud ▼

jeunes tritons de l'est (Amérique du Nord) ▲

apode ▼

Mystérieuses géantes

salamandre tachetée ▼

La salamandre tachetée, au corps brillamment coloré, a longtemps été associée à la sorcellerie en Europe, où on la croyait notamment capable de résister au feu. Pourtant, l'aspect de cet amphibien de taille modeste n'a rien d'effrayant si on le compare à celui de ses cousines géantes que l'on trouve en Amérique du Nord et en Extrême-Orient.

Les salamandres géantes sont de véritables reliques de la préhistoire. On en trouve une espèce aux États-Unis, mais deux autres espèces plus grandes encore vivent dans des cours d'eau au courant rapide de Chine et du Japon, où elles s'activent la nuit. C'est la salamandre géante du Japon qui bat tous les records : on a connu de spécimens dépassant 1,60 m de longueur pour un poids de près de 40 kilos ! De là à penser que ces amphibiens spectaculaires et mystérieux sont pour quelque chose dans le mythe oriental des dragons, il n'y a qu'un pas !

salamandre géante ▼

Et d'autres géantes encore...

Quelques espèces de grenouilles atteignent des dimensions qui dépassent de loin celles de la majorité des autres espèces. Le long des ruisseaux qui parcourent les forêts tropicales de l'île de la Dominique et de l'île de Montserrat, dans les Caraïbes, vit une grenouille géante que les habitants appellent le « poulet de montagne », ses pattes arrière ayant la même taille que celles des poulets. Mais la géante des géantes parmi les grenouilles est la grenouille-goliath. On ne trouve cette espèce que sur une zone géographique assez réduite en Afrique centrale, dans certaines régions du Cameroun. Elle vit uniquement dans les zones de rapides et près des chutes d'eau en forêt. Les plus grands spécimens mesurés atteignent plus de 30 cm du bout du museau à l'anus, le plus gros pesant pas moins de 3,3 kilos !

grenouille-goliath (Afrique) ▼

Habitant des ténèbres

D'une longueur d'environ 30 cm à l'âge adulte, le protée est un étrange amphibien apparenté aux salamandres qui vit uniquement dans les rivières et les lacs de cavernes souterraines. On le trouve notamment en Italie et dans les Balkans, dans le sud-est de l'Europe. Vivant toute sa vie dans les ténèbres, l'animal est devenu totalement aveugle : il repère ses proies (principalement de petits invertébrés aquatiques) grâce aux ondulations produites par celles-ci lorsqu'elles se déplacent dans l'eau. Sa peau est translucide, laissant apparaître une partie des organes intérieurs. Le protée respire à l'aide de branchies externes, en captant l'oxygène de l'eau à travers la peau et en avalant de l'air à la surface.

protée ▼

Grenouilles « volantes »

grenouille « volante » ▲

Les forêts tropicales sont le véritable royaume des amphibiens, et particulièrement des grenouilles : on en connaît des centaines et des centaines d'espèces réparties dans toute la ceinture forestière tropicale de la planète, depuis l'Amazonie jusqu'en Australie en passant par l'Afrique.

On trouve dans les forêts d'Asie du Sud-Est des grenouilles « volantes », les rhacophores. Ces grenouilles arboricoles possèdent de vastes membranes de peau entre les doigts. Pour passer rapidement d'un arbre à l'autre (par exemple dans le but de fuir un ennemi), elles écartent bien grands les doigts en se jetant dans le vide. Grâce à ces palmures largement étalées, elles peuvent planer dans l'air sur plusieurs dizaines de mètres et atteindre ainsi un arbre voisin.

Un héritage bien vivant

Bien que la majorité des amphibiens passent l'essentiel de leur vie adulte sur la terre ferme, ils restent dépendants de l'eau pour se reproduire, un héritage toujours vivant de leur très lointain passé d'animaux aquatiques. Le mode de ponte est lui aussi demeuré assez archaïque : chez la plupart des espèces, la femelle pond de grandes quantités d'œufs, en masses compactes ou en chapelets, que le mâle féconde en y répandant son sperme. Les œufs, généralement au nombre de plusieurs centaines, voire plusieurs milliers, sont enveloppés dans une coquille gélatineuse qui ne leur offre qu'une faible protection contre les prédateurs : les pertes sont donc énormes.

Après leur sortie de l'œuf, les jeunes grenouilles, crapauds, tritons et salamandres passeront un certain temps sous une forme larvaire : ce sont les têtards bien connus des enfants, qui se sont de tout temps amusés à les pêcher dans les mares. Les larves des amphibiens traversent toute une série de stades de développement avant d'atteindre leur forme adulte. Elles captent d'abord l'oxygène dans l'eau à l'aide de branchies externes, qu'elles perdront par la suite pour passer à un mode de respiration pulmonaire. Chez les grenouilles et les crapauds, les têtards possèdent encore une queue assez volumineuse, qu'ils perdront aux stades ultimes de leur développement larvaire. Au fur et à mesure qu'elles grandissent et se transforment, les larves prennent leur apparence d'animal adulte, qu'elles acquièrent au moment de quitter l'eau pour mener une vie terrestre. La phase larvaire ne dure en général que quelques semaines chez de nombreuses espèces, mais elle peut s'étaler sur plusieurs années, comme chez la salamandre noire.

œufs et têtard de grenouille ▼

Des crapauds « accoucheurs »

Le crapaud (ou alyte) accoucheur d'Europe est un des rares amphibiens à se préoccuper de ses œufs. Dès que la femelle a pondu ses 30 à 40 œufs enveloppés dans une masse gélatineuse, le mâle les féconde puis fixe cette masse entre ses chevilles. Il se retire alors pendant environ trois semaines dans une cachette où les conditions de température et d'humidité sont idéales pour l'incubation. Au moment où les œufs sont prêts à éclore, le mâle les dépose dans la mare de son choix, où les petits ne tardent pas à naître.

Le crapaud du Suriname (Amérique du Sud) pousse les choses plus loin encore. La femelle pond de 3 à 10 œufs, que le mâle féconde. Puis il fixe chacun d'eux sur le dos de la femelle. La peau de celle-ci se met alors à enfler pour enfermer les œufs dans de petits kystes. La femelle transporte ainsi sa progéniture dans la peau pendant près de 80 jours ; après quoi elle mue et dépose les jeunes dans une mare.

Ces soins parentaux permettent à ces amphibiens de limiter considérablement les pertes et donc de pondre un nombre d'œufs nettement moins élevé que chez la plupart des autres espèces.

crapaud accoucheur ▼

Température variable

Tout comme les reptiles, les amphibiens peuvent supporter des variations de leur température interne en fonction de la température extérieure ambiante. Dans les régions tropicales, où les températures sont idéales pour les amphibiens, connaissent peu de variations entre le jour et la nuit et restent plus ou moins constantes tout au long de l'année, ces animaux alternent quotidiennement périodes d'activité et périodes de repos.

Mais dans les régions tempérées où les saisons sont plus marquées, les amphibiens sont obligés de recourir à l'hibernation pour affronter la saison froide. Pendant plusieurs mois, ils cessent toute activité, vivant uniquement sur les réserves d'énergie qu'ils ont accumulées sous forme de graisses. La plupart des espèces des régions tempérées hibernent dans le sol. Les crapauds utilisent souvent des cavités existantes pour se retrancher sous terre à des profondeurs allant de 10 à 80 cm.

triton alpestre ▼

Il ne devient jamais adulte !

axolotl ▲

On trouve dans quelques lacs du Mexique un amphibien étrange dont le nom est tout aussi étrange : l'axolotl. Mesurant jusqu'à 25 cm, ce parent des salamandres a la particularité de ne jamais arriver à l'âge adulte : il se développe, se reproduit et passe toute sa vie à l'état de têtard (larve), son développement prenant soudainement fin à partir d'un certain stade. Il garde d'ailleurs les branchies externes par lesquelles il respire tout au long de son existence, ce qui lui interdit de quitter l'élément liquide pour s'aventurer sur la terre ferme. Les scientifiques ont prouvé que ce phénomène est dû à un manque de sécrétion d'une hormone par la glande thyroïde : en injectant artificiellement des doses de cette hormone à des axolotls, ils sont parvenus à mener le développement de ceux-ci jusqu'à l'âge adulte, « créant » ainsi des axolotls adultes qui n'existent pas dans la nature et qui ont l'aspect de salamandres normales !

Pour tromper l'ennemi

Les dendrobates et les phyllobates affichent pour la plupart des couleurs vives, comme le rouge, le jaune, l'orange, le bleu étincelant... Ces couleurs sont des signaux clairs pour les prédateurs : elles leur signalent le danger représenté par le venin des grenouilles. Certaines autres espèces, qui ne possèdent pas de venin, présentent pourtant des couleurs qui leur donnent l'allure de dendrobates, profitant ainsi de la réputation de leurs dangereuses cousines !

Les couleurs vivement contrastées des salamandres des régions tempérées ont d'ailleurs le même but : décourager les agresseurs potentiels. Un crapaud, nommé de manière adéquate le « sonneur à ventre de feu », a le ventre orné d'un rouge-orange vif. Lorsqu'il est agressé, il se retourne sur le dos pour mettre en évidence son ventre vivement coloré et faire croire qu'il est lui aussi toxique...

Plus de 40 % de toutes les espèces de grenouilles et de crapauds du monde sont aujourd'hui menacées : une véritable hécatombe qui semble avoir commencé au cours des dernières décennies du XXe siècle. Au terme de laborieuses recherches, les scientifiques attribuent ce déclin aux effets combinés de maladies provoquées par des champignons parasites et du changement climatique. Certaines espèces ont déjà complètement disparu, avec une rapidité alarmante...

sonneur à ventre de feu ▼

dendrobates ▲

salamandre tachetée ▼

dendrobate ▼

De très lointains ancêtres

Nous comptons des poissons parmi nos très lointains ancêtres. Nageant par milliards depuis des centaines de millions d'années sous la surface des flots, les poissons sont les plus anciens animaux munis de vertèbres ayant existé sur la planète. Ils ont peuplé le milieu liquide pendant des millions d'années avant que quelques-uns d'entre eux ne commencent à s'aventurer sur la terre ferme pour y subir la longue évolution qui allait permettre la naissance des reptiles, puis des oiseaux et des mammifères.

On n'a aucune idée précise de la créature qui donna progressivement naissance aux poissons, puisque aucun fossile datant de cette époque n'a été retrouvé. Certains scientifiques pensent qu'il devait s'agir d'une forme de ver marin, d'autres penchent plutôt pour un arthropode : la théorie la plus plausible semble désigner une créature qui devait ressembler à la larve d'une étoile de mer ou d'un oursin...

Les scientifiques dénombrent à l'heure actuelle près de 25 000 espèces de poissons (soit près de la moitié de tous les animaux vertébrés), répandues dans toutes les eaux douces et salées du globe. Ils les divisent en deux grands groupes principaux, les poissons au squelette osseux et les poissons au squelette formé de cartilages. Ces derniers sont considérés comme les plus primitifs. Certains modèles de classification différencient encore un troisième groupe, celui des poissons archaïques sans mâchoires, auquel appartiennent les lamproies et les myxines. La classification des poissons se heurte à d'énormes difficultés et les modèles de classement font rarement l'unanimité chez les spécialistes.

Les premiers poissons étaient des poissons sans mâchoires, apparus dans les mers il y a près d'un demi-milliard d'années. Ils furent suivis par les poissons à mâchoires, quelque 30 à 50 millions d'années plus tard. Les poissons osseux, apparus voici 175 millions d'années, se sont imposés aux poissons cartilagineux et représentent la grosse majorité des espèces vivant aujourd'hui. Des poissons cartilagineux ont pourtant réussi à survivre sans subir de modifications profondes : c'est le cas des lamproies, des agnathes, des chimères (des poissons des grandes profondeurs océaniques) et surtout des requins et des raies.

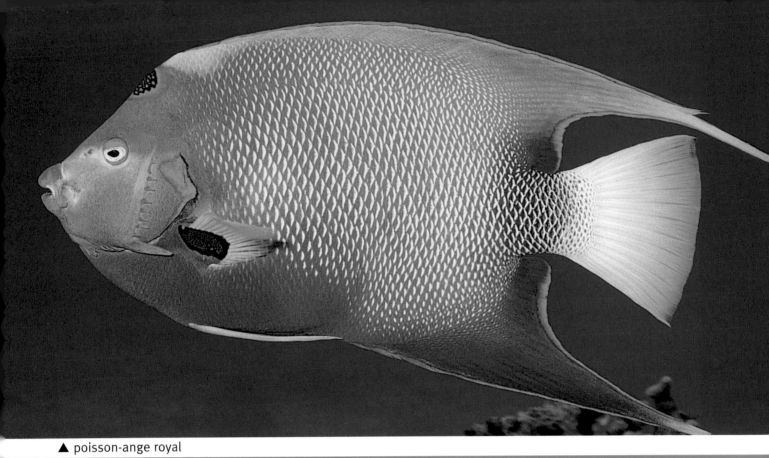

▲ poisson-ange royal

▲ raie pastenague

▼ requin

Sorti de la préhistoire

Les mers et les océans, qui couvrent près de 75 % de notre planète, demeurent un monde mystérieux pour les animaux terrestres dont l'homme fait partie. Pour explorer ce milieu étranger, souvent hostile, encore méconnu, l'homme a besoin de recourir à des moyens techniques perfectionnés. La mer n'a pas fini de livrer ses secrets, comme en témoignent régulièrement des découvertes incroyables.

En 1938, un chalutier opérant près des côtes du Natal, en Afrique du Sud, ramenait dans ses filets un poisson étrange, d'environ 1,50 m de longueur. Examinée par des scientifiques, la prise fut rapidement identifiée comme un spécimen de cœlacanthe, un poisson primitif connu jusqu'alors uniquement grâce à des fossiles et que la science considérait comme éteint depuis... 70 millions d'années ! D'autres spécimens furent capturés par la suite dans les environs de l'île de Madagascar, mais aucun n'a survécu jusqu'ici en captivité. Le fait que ce poisson ait traversé les âges et qu'il soit demeuré inconnu de la science si longtemps avant de « réapparaître » n'a toujours pas pu être expliqué.

Maillons visibles de l'évolution

Les dipneustes sont des poissons que l'on trouve dans certaines régions tropicales en Afrique, en Amérique du Sud et en Australie. Ces animaux offrent un bon exemple de l'évolution des poissons vers les amphibiens. Ils possèdent, tant à l'état larvaire qu'à l'âge adulte, des branchies extérieures, qui leur permettent de respirer dans l'eau, mais aussi des poumons, pour respirer l'air.

Ces derniers sont bien utiles aux dipneustes quand ils doivent passer de longues périodes cachés dans la boue, lorsque les mares où ils vivent se sont provisoirement asséchées. Ils se servent de leurs robustes nageoires en forme d'ailerons de la même façon que les salamandres et les tritons utilisent leurs pattes.

▼ dipneuste

Partout où il y a de l'eau

▲ poisson-archer

On trouve des poissons pour ainsi dire partout où il y a de l'eau, que celle-ci soit douce, saumâtre ou franchement salée : depuis les zones glacées des pôles jusqu'aux marais torrides des tropiques, dans des sources chaudes où la température excède les 35 °C ou dans des lacs de montagne qui ne se réchauffent jamais, dans des étangs gorgés de soleil ou dans les ténèbres des lacs souterrains, sur les hauts-fonds sableux des baies côtières ou dans les profondeurs des abysses océaniques.

Certains se plaisent dans des torrents au courant tellement rapide qu'aucun autre animal vertébré ne peut s'y maintenir. Les poissons vivent à plus de 4 000 m d'altitude en montagne, mais aussi à des milliers de mètres sous la surface de la mer, là où la pression de l'eau est telle qu'aucune autre créature osseuse ne peut résister. Certains parviennent même à survivre dans des mares temporaires des régions arides, leurs œufs attendant dans la vase desséchée pendant des mois avant d'éclore dès que l'eau revient !

▼ brochet

Surprenant périophtalme

▲ périophtalme

On trouve couramment dans les zones de mangroves des régions côtières tropicales des poissons surprenants répondant au nom compliqué de périophtalmes. Leur taille varie de 10 à 30 cm selon les espèces. Alors que tous les autres poissons se retirent avec la mer lorsque la marée descend, les périophtalmes prennent au contraire possession de la terre ferme, se lançant sur la vase ou grimpant sur les racines aériennes et les branches basses des palétuviers.

Ces poissons peuvent rester longtemps à l'air libre grâce au fait que leurs chambres branchiales sont très vastes et peuvent emmagasiner une provision d'eau ; ils respirent à l'aide des membranes riches en vaisseaux sanguins tapissant le fond de leur gueule et leur gorge. Ils doivent cependant renouveller à intervalles réguliers leur provision d'eau et visitent donc assidument les flaques que la marée a laissées sur les vasières.

Lumières des ténèbres

Un nombre important de poissons – et d'autres créatures – vivant dans les ténèbres des grandes profondeurs marines sont capables d'émettre de la lumière, et il en va de même pour quelques poissons fréquentant les crevasses et les grottes sombres des côtes rocheuses ou des récifs coralliens. Cette prouesse est rendue possible grâce à la présence de bactéries luminescentes contenues dans des organes spéciaux des poissons.

Certaines espèces des grandes profondeurs, comme les baudroies, sont équipées de petits leurres lumineux destinés à tromper les proies en les attirant vers leur bouche. Le poisson-torche, un petit poisson vivant dans l'océan Indien et la mer Rouge, dispose d'un organe luminescent situé en dessous de chaque œil. La lumière de ces poissons est la plus intense produite par un être vivant : elle peut être visible jusqu'à une trentaine de mètres de distance !

▼ baudroie abyssale

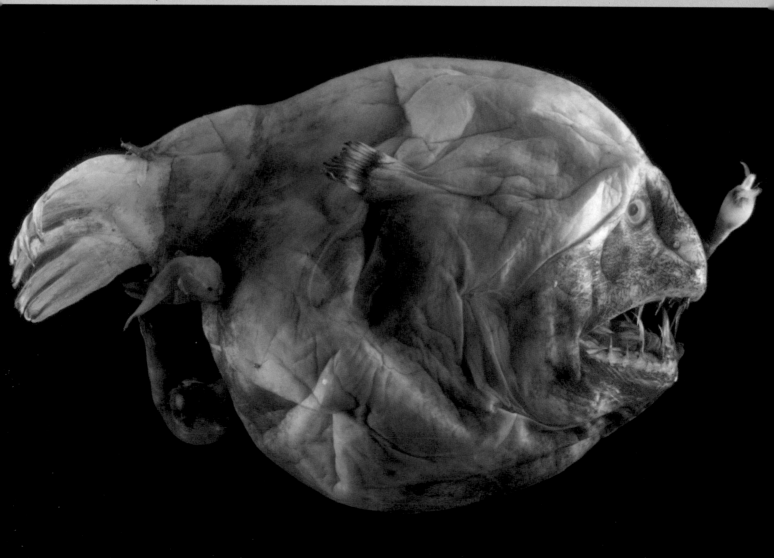

Antigel pour poissons

▲ grande-gueule

Les plus grandes diversités en espèces de poissons se trouvent dans les mers chaudes, dans les zones riches en corail. Mais des poissons ont réussi à vivre dans les eaux les plus froides de la planète, dans les régions polaires. On compte plus d'une centaine d'espèces rien que dans l'océan Austral. Parmi celles-ci, plusieurs ont développé un extraordinaire système permettant à leur sang de ne pas geler : ce sont les « poissons des glaces ». Leur sang, de couleur blanche parce qu'il ne contient pas d'hémoglobine, contient jusqu'à huit molécules antigel différentes. Contrairement aux autres poissons de ces régions qui ne possèdent pas cet antigel naturel et qui doivent se contenter d'un faible rythme d'activités à certaines périodes de l'année, les poissons des glaces peuvent rester pleinement actifs en permanence.

Vivre en milieu liquide

Le fait de passer leur existence dans le milieu liquide offre aux poissons bien des avantages sur les animaux de la terre ferme. L'eau ne subit pas de brusques changements de température et convient donc parfaitement à des animaux à température variable comme les poissons, qui adaptent leur chaleur interne à celle de l'eau. Lorsqu'ils produisent des efforts physiques intenses, les poissons peuvent cependant « s'échauffer » : on a ainsi constaté que le corps de certains poissons rapides comme les thons, les marlins, les espadons… peut avoir une température de 6 à 12 °C plus élevée que celle de l'eau ambiante lorsqu'ils poussent des pointes de vitesse.

« Portés » par l'eau, ils n'ont pas de poids à soulever, ce qui leur permet d'avoir un squelette léger et simple. Enfin, ils n'ont pas besoin d'absorber autant de nourriture que les animaux terrestres. Les poissons consomment de l'énergie principalement pour se déplacer et pour grandir. Contrairement aux mammifères, aux oiseaux, aux reptiles, les poissons grandissent durant toute leur vie et ce d'autant plus vite qu'ils peuvent absorber de la nourriture en abondance : des poissons de la même espèce et du même âge peuvent donc avoir des tailles fort différentes en fonction de la quantité de nourriture qu'ils ont pu absorber tout au long de leur croissance.

▼ banc d'anthias faucons

▲ dragon de mer commun

Le principal « problème » auquel doivent faire face les poissons est l'incompressibilité de l'eau. Pour pouvoir se déplacer dans l'eau, il est nécessaire de la pousser et elle reprend sa place dès que la force qui l'a poussée cesse. Pour lutter contre cet élément, les poissons ont adopté des formes hydrodynamiques, qui leur permettent de glisser plus facilement en fendant l'eau. C'est ce qui explique pourquoi la grande majorité des poissons ont un corps relativement semblable, en forme de cylindre de section ovale devenant plus fin vers l'arrière.

Mais il serait faux de croire que tous les poissons ont des formes identiques. La forme de certains poissons, comme les anguilles, évoque plutôt le corps des serpents, d'autres, comme les syngnathes, ont l'air de vers. De nombreux poissons des récifs coralliens sont plats comme des soucoupes qui se déplaceraient en position verticale. Les célèbres hippocampes ou « chevaux marins » ne ressemblent à aucun autre poisson. Les raies semblent voler dans l'eau en ondulant leur large corps plat et souple comme une grande feuille, le poisson-globe est tout en rondeurs.

raie manta ▼

▲ poisson-lune

La forme du poisson-lune défie toute logique et certains poissons des grandes profondeurs océaniques paraissent sortis tout droit de contes fantastiques...

Les poissons plats, qui passent l'essentiel de leur vie tapis sur le fond, présentent des adaptations extraordinaires : leur corps s'est aplati pour leur permettre de passer inaperçus. Certains sont aplatis au niveau du ventre, d'autres latéralement. Chez ces derniers, le processus d'aplatissement s'accomplit durant la croissance du jeune poisson et on assiste à un déplacement progressif des deux yeux sur le même côté du corps.

▼ barracuda

diodon ▲

poisson-crocodile ▼

Tailles records

Les plus petits poissons appartiennent à la famille des gobies : une espèce vivant sur l'île de Luçon, aux Philippines, ne dépasse pas 1 cm à l'âge adulte, pour un poids de 4 à 5 g ! Les extrêmes opposés se retrouvent chez les requins : le célèbre grand requin blanc, prédateur redoutable, peut atteindre exceptionnellement les 10 m, mais les plus grands poissons sont les requins pèlerins et les requins-baleines, d'inoffensifs mangeurs de plancton. Des spécimens de requin-baleine longs de 18 m ont déjà été rapportés. Parmi les poissons d'eau douce ou saumâtre, le poisson-chat du Mékong et l'esturgeon de Russie détiennent le record de taille : on a pêché dans l'estuaire de la Volga une femelle d'esturgeon mesurant 8 m !

Ce sont également les esturgeons qui détiendraient les records en matière de longévité : ces poissons vivraient jusqu'à 70, voire 100 ans dans la nature.

▼ requin-baleine

Une poche pour flotter

Dans les mers et les océans, de même que dans les lacs les plus profonds, l'eau n'a pas la même densité à toutes les profondeurs : la pression augmente au fur et à mesure que l'on se dirige vers le fond et peut atteindre des extrêmes dans les profondes fosses océaniques qui s'enfoncent à plusieurs milliers de mètres (la fosse des Mariannes, dans le Pacifique, est la plus profonde fosse océanique de la planète : elle descend à plus de 10 000 m sous la surface !). Pour pouvoir rester à la profondeur adéquate, le corps des poissons doit avoir une densité comparable à celle de l'eau, faute de quoi les poissons coulent (s'ils sont trop lourds) ou remontent vers la surface (s'ils sont trop légers).

Pour maintenir une densité corporelle plus ou moins identique à celle de l'eau lorsqu'ils évoluent à des profondeurs différentes, de nombreux poissons sont équipés de ce que l'on appelle une vessie natatoire. Il s'agit d'une poche remplie d'air située dans la cavité intestinale et dans laquelle le poisson peut injecter des gaz qu'il va pomper directement dans son sang. La quantité de gaz est réglée de manière très précise afin de permettre au poisson de « flotter » à la profondeur qui lui convient. La vessie natatoire occupe jusqu'à 10 % du volume du corps chez les poissons de mer et environ 5 % chez leurs cousins d'eau douce.

Les requins (et bien d'autres poissons ayant gardé des caractères archaïques) ne disposent que d'un système de flottaison moins performant et sont obligés de rester en permanence en mouvement, sinon ils coulent : seuls les requins de récifs, le requin nourrice par exemple, qui passent une bonne partie de leur vie posés à l'affût sur les hauts-fonds, peuvent se permettre de rester immobiles.

▼ requin nourrice

Les nageoires

Les nageoires des poissons sont des appendices comparables à des ailes qui assurent leur stabilité dans l'eau et les aident à se déplacer et à se diriger. La majorité des poissons est équipée de deux nageoires (une de chaque côté du corps) situées juste derrière les branchies et de deux autres situées un peu en dessous de ces premières, d'une nageoire située sur le ventre derrière la partie anale, d'une autre plus grande située sur le dos (qui se divise souvent en une partie épineuse et une partie molle) et enfin d'une nageoire plus grande encore qui termine la queue. La queue elle-même fait partie intégrante du corps : elle est la terminaison de l'épine dorsale. La nageoire caudale intervient pour faire avancer le poisson, lorsque celui-ci lui fait effectuer des mouvements ondulatoires rythmés à ceux de son corps ; les autres nageoires servent principalement à la stabilisation et permettent au poisson de changer de direction, horizontale ou verticale. Il existe cependant d'énormes variations dans la forme – et parfois dans le nombre – de nageoires. Certaines espèces des mers chaudes ont ainsi développé des nageoires spectaculaires, qui semblent avoir été créées uniquement pour l'esthétique.

▼ rascasse volante

▲ poisson-ballon

▼ rascasse

Des poissons qui volent

Tout comme certains oiseaux ne se sont pas contentés de pouvoir voler et ont développé des adaptations leur permettant d'explorer brièvement le milieu liquide, certains poissons se sont vus dotés d'ailes leur permettant de prendre brièvement leur envol dans les airs.

L'exocet est le plus célèbre de ces poissons volants. En étalant ses nageoires pectorales démesurées, ce poisson des mers chaudes peut effectuer de véritables vols planés qui durent généralement entre 4 et 10 secondes. En frappant violemment la surface de l'eau à l'aide de leur queue au moment de terminer le vol plané, les exocets peuvent repartir aussitôt en l'air et effectuer ainsi des vols successifs sur plusieurs centaines de mètres. On dit qu'ils peuvent atteindre jusqu'à 10 m d'altitude.

Il existe également des poissons volants parmi les poissons d'eau douce. En Afrique, les pantodons (des poissons de rivière) capturent les insectes en planant sur de courtes distances hors de l'eau ; dans les cours d'eau de certaines régions d'Amérique du Sud, on peut souvent voir les haches d'argent (de petits poissons très clairs) s'élancer hors de l'eau dans le même but. Les énormes muscles pectoraux de ces poissons actionnent de grandes nageoires qui leur permettent de se déplacer en volant au-dessus de l'eau sur plusieurs mètres !

▼ poisson volant

Les branchies

Comme tous les animaux, les poissons ont besoin d'oxygène pour vivre : leur appareil respiratoire fonctionne suivant des principes fort semblables à ceux des autres vertébrés, à la grande différence près que les poumons sont remplacés chez les poissons par des branchies, des organes situés de chaque côté de la tête. Les branchies permettent, en filtrant l'eau en permanence, d'en extraire l'oxygène qui y est dissous pour l'injecter dans le sang et, inversement, de restituer à l'eau le gaz carbonique provenant du sang vicié. Leur cœur (qui ne possède que deux cavités, contre trois chez les amphibiens et quatre chez les mammifères) est en liaison directe avec les branchies. Le sang oxygéné dans les branchies est envoyé directement vers les différents organes du corps qui consomment l'oxygène, avant de retourner vers le cœur qui le renvoie à nouveau vers les branchies, et ainsi de suite.

Les poissons avalent l'eau par la bouche, la font passer à travers les branchies et la rejettent par les ouvertures situées de chaque côté du corps, à l'arrière de la tête. C'est pour créer un courant d'eau continu vers les branchies que les poissons ouvrent et ferment la bouche sans arrêt. Certains poissons ont des branchies plus performantes, qui leur permettent à la fois de filtrer l'oxygène contenu dans l'eau et d'absorber celui contenu dans l'air. La carpe, par exemple, peut absorber des bulles d'air et conserver celles-ci dans la bouche à proximité des branchies. Les combattants (de petits poissons originaires d'Extrême-Orient et qui sont souvent gardés en aquarium) stockent des bulles d'air dans deux petites cavités situées tout près des branchies. Si les dipneustes sont les seuls à pouvoir respirer complètement à l'aide de poumons, chez certains poissons primitifs, comme les orphies, la vessie natatoire est encore reliée à l'œsophage et peut faire office de « poumon de réserve ».

Des poissons enfin sont capables de respirer en captant de l'oxygène à travers leur peau humide, tout comme le font les amphibiens. C'est le cas notamment de certaines anguilles et de poissons-chats, connus pour être capables d'effectuer des déplacements sur la terre ferme.

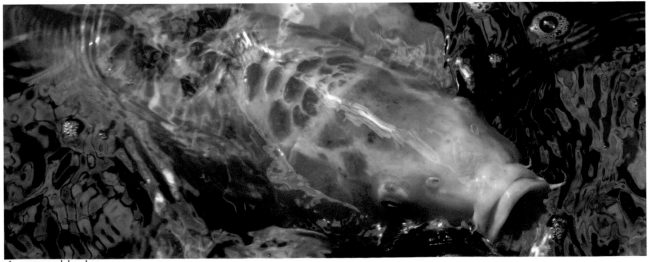

▲ carpe chinoise

De toutes les couleurs

Beaucoup de poissons nageant en eau libre ont généralement des teintes assez uniformes, avec une dominante argentée ; les espèces vivant sur le fond ont pour la plupart le dos d'une couleur qui ressemble le mieux possible à leur environnement. Les poissons des profondeurs océaniques sont généralement pauvres en couleurs, beaucoup sont entièrement noirs. En revanche, de nombreux poissons fréquentant les récifs de corail dans les zones peu profondes des mers chaudes affichent des palettes de couleurs qui leur permettent de rivaliser avec les oiseaux ou les papillons les plus beaux.

La fonction principale de la coloration chez les poissons est le camouflage. Même la couleur argentée des poissons nageant en eau libre les aide à passer inaperçus lorsqu'ils sont près de la surface, où la lumière est plus vive. Certains poissons utilisent leurs couleurs

▲ poisson-ange de clarion

pour se déguiser et se faire passer pour d'autres espèces, tandis que chez d'autres encore les couleurs vives sont un avertissement à l'égard des prédateurs. On connaît même des poissons qui parviennent à changer de couleur bien plus rapidement que les célèbres caméléons... Enfin, quelques poissons ont la peau totalement transparente, laissant apparaître tous les détails du squelette et des organes internes !

▼ jeune poisson-ange empereur

▲ poisson-écureuil

▲ demoiselle dorée

▼ poissons-clowns

Une cuirasse d'écailles

La peau des poissons est généralement épaisse et résistante : elle est pourvue de nombreuses glandes qui sécrètent un mucus extrêmement important car il rend la peau imperméable et empêche ainsi le poisson de perdre trop de sel ou au contraire d'en absorber plus que nécessaire, par osmose. Les poissons doivent en effet maintenir un équilibre entre les sels contenus dans leur corps et ceux que contient ou ne contient pas l'eau dans laquelle ils vivent. Le corps des poissons d'eau douce contient plus de sel que l'eau environnante, des sels que l'eau dilue en pénétrant dans leur corps par la peau, la bouche, les branchies... Ces poissons doivent donc constamment rejeter de l'eau pour conserver ces sels. Au contraire, les poissons vivant en eau salée se déshydratent constamment parce que l'eau environnante, plus salée que leur corps, « pompe » ces sels hors de leur organisme : ils doivent donc avaler constamment de l'eau, faute de quoi ils finiraient par se dessécher et se ratatiner.

La peau de nombreux poissons est à peu près entièrement recouverte d'écailles. La forme et l'aspect des écailles permettent souvent de déterminer les différents groupes auxquels appartiennent les poissons. Les écailles peuvent avoir la forme de plaques, de diamants ou de disques plus ou moins circulaires. Elles grandissent sans arrêt durant toute la vie de l'animal, en produisant constamment de nouvelles couches à leur base.

▼ poisson-soldat

Parasites redoutables

▲ lamproie

Les lamproies sont des descendantes directes des poissons primitifs sans mâchoires. On en compte une trentaine d'espèces dans le monde, tant d'eau douce que marines, dont une bonne partie vit en parasitant d'autres poissons. Leur bouche, de forme arrondie, est munie de nombreuses petites dents acérées et entourée d'une ventouse garnie de papilles. La lamproie se fixe sur le corps d'un autre poisson à l'aide de cette ventouse et perce la peau de son hôte involontaire à l'aide de ses dents, pour se nourrir du sang qui s'écoule de la plaie. Souvent, le poisson ainsi parasité finit par s'affaiblir à un point tel qu'il en meurt...

Voir, entendre, sentir

On sait que les poissons possèdent les cinq même sens que les mammifères. Leur vue est développée, en dépit du fait que l'eau – même la plus pure – est beaucoup moins transparente que l'air et que la quantité de lumière pénétrant dans l'eau est de plus en plus limitée au fur et à mesure que l'on descend en profondeur. La vision est souvent limitée à quelque 33 m dans l'eau, et même beaucoup moins : ces contraintes font que l'œil est plus simple chez les poissons que chez les autres vertébrés. Le poisson ne doit pas être en mesure de pouvoir adapter sa vision à des distances très différentes, ce qui lui importe avant tout est de voir ce qui se passe dans son environnement plus ou moins immédiat. L'œil des poissons ne possède pas de paupière, puisque l'eau le lave continuellement, et l'iris, pratiquement fixe, n'a pas besoin de pouvoir se fermer ou s'ouvrir pour s'adapter à des variations de lumière rapides et importantes.

Les poissons peuvent en revanche voir dans plusieurs directions en même temps. Chez la plupart des espèces, les yeux sont disposés loin l'un de l'autre, sur les côtés de la tête, et n'offrent qu'une vision monoculaire : chaque œil voit quelque chose de différent, le champ visuel ne se chevauchant que dans une étroite zone vers l'avant. Ce n'est donc que dans ce champ assez limité que les poissons disposent d'une vue binoculaire, tout comme les mammifères, ce qui leur permet notamment d'apprécier les distances.

▼ poisson-chat (silure)

▲ requins de récif

Le sens de l'odorat est le plus développé des cinq sens chez de nombreux poissons, qui disposent de deux petits trous (ou parfois d'un seul) situés à l'avant de la tête et qui font office de « narines ». On sait par exemple que les requins peuvent sentir l'odeur du sang à des distances considérables.

Le sens du toucher est animé par de petits cellules nerveuses reliés à des organes extérieurs comme des antennes, des barbillons... Les poissons fouisseurs, qui fouillent le fond à la recherche de nourriture, possèdent généralement de nombreux organes du toucher (moustaches) sous la mâchoire à l'avant de la tête : c'est le cas des carpes, des silures, des barbeaux, des esturgeons... Les poissons n'entendent pas d'une façon comparable à la nôtre. Ils captent sans aucun doute les sons émis par des congénères (des poissons comme les poissons-perroquets ou les grogneurs sont très « bruyants ») et peuvent déceler les vibrations dans l'eau grâce à un système qui fonctionne à la manière d'une oreille interne. Certains poissons sont ainsi très sensibles aux vibrations et peuvent déceler des « bruits » distants de plusieurs centaines de mètres.

Le goût ne revêt qu'une importance très faible dans la perception des poissons : la plupart d'entre eux happent leurs proies entières et les avalent directement.

Le 6ᵉ sens des poissons

Lorsqu'on examine le corps des poissons, on s'aperçoit que la majorité des espèces présente de chaque côté du corps un genre de ligne, continue ou non, souvent formée de points alignés, qui leur parcourt tout le flanc. C'est ce que les scientifiques appellent la « ligne latérale » (ou « ligne médiane »). Cette ligne est constituée par les petits orifices d'organes sensoriels, qui captent les vibrations et les différences de pression dans l'eau. On pense aussi que la ligne latérale joue un rôle important dans l'audition chez certains poissons. C'est cette ligne sensorielle qui permettrait aux poissons vivant en grands bancs serrés de ne jamais se cogner et de réagir immédiatement à tout mouvement ou changement de direction de la part d'un congénère se trouvant tout près d'eux.

banc de gorettes ▼

L'union fait la force

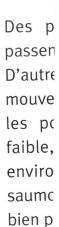

▼ marlin

Des p
passen
D'autre
mouve
les po
faible,
enviro
saumo
bien p

On trouve chez les poissons des solitaires convaincus, tandis que d'autres ne se plaisent qu'en bandes nombreuses. Entre ces deux extrêmes existe toute une série de situations intermédiaires. Un nombre très important d'espèces mène une vie en solitaire ou en couple, les poissons grégaires étant minoritaires dans l'ensemble : environ 4 000 espèces seulement peuvent être considérées comme des inconditionnelles de la vie en groupe. Les associations ne sont pas toujours permanentes : certains poissons vivent en bande dans leur jeune âge avant de se disperser à l'âge adulte, d'autres se réunissent de manière temporaire sur les zones de reproduction, lors des migrations saisonnières, etc.

La vie en bancs nombreux semble plutôt réservée aux espèces vivant en haute mer comme les anchois, les sardines, les maquereaux, les harengs, les thons et bien d'autres encore. La stabilité du groupe semble dépendre du contact visuel entre les individus, ce qui expliquerait pourquoi les bancs ont tendance à se disloquer la nuit pour se reformer aux premières lueurs du jour. Les bancs de poissons peuvent rassembler des centaines de milliers d'individus, voire plus d'un million. On a parfois l'impression qu'il s'agit d'une seule créature gigantesque circulant dans l'eau, tant les mouvements semblent coordonnés et dirigés par un système central unique : tous les poissons avancent et changent de direction en même temps, comme s'ils répondaient à un ordre précis.

Le principal avantage du rassemblement en banc semble être la sécurité accrue que celui-ci offre à chacun des membres : la masse compacte dissuade certains prédateurs et rend perplexes d'autres qui ont du mal à isoler visuellement un individu pour s'en emparer.

Passer inaperçu

Les p
sont
saum
poiss
dura
beso

Pass
eau
en n
l'âge
périp
qui
Sarg
flott
entr
pou
ang
lanc

▲ poisson-faucon

Passer inaperçu est une des meilleures techniques pour échapper à ses ennemis ou surprendre ses proies. De nombreux poissons ont ainsi recours au mimétisme et au camouflage pour se fondre dans leur environnement. Parmi les plus performants, on peut citer les rascasses : ces poissons marins largement répandus et au corps généralement aplati se tiennent immobiles sur le fond, à l'affût de leurs proies.

▼ poisson-lézard

▲ poisson-pierre

Suivant l'environnement dans lequel elles se trouvent, les différentes espèces de rascasses se sont adaptées pour se fondre totalement dans le décor : certaines ressemblent à des pierres couvertes d'algues, d'autres à des algues elles-mêmes, d'autres encore à des rochers, des petits graviers... Le poisson-pierre, une rascasse des rivages de l'océan Indien, passe totalement inaperçu sur le sable, ce qui le rend très dangereux car les aiguillons de sa nageoire dorsale sont capables d'injecter un puissant venin lorsqu'un imprudent pose par mégarde le pied sur ce poisson.

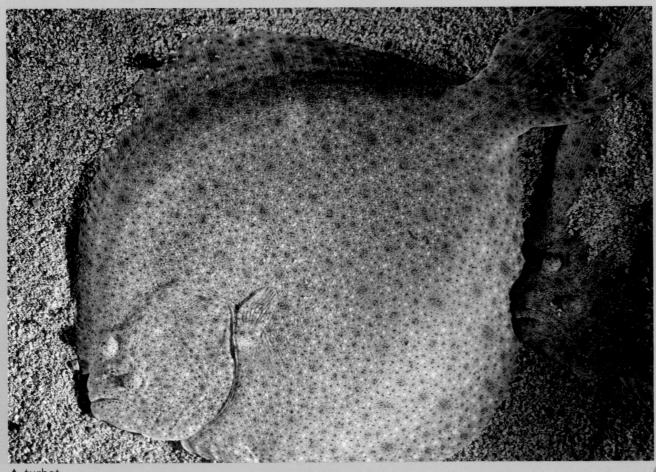

▲ turbot

Les insectes

Anciens et nombreux

Il est impossible de savoir combien d'espèces d'insectes peuplent la planète. Les scientifiques en dénombrent près de 800 000 à l'heure actuelle, mais des milliers de nouvelles espèces sont encore découvertes chaque année. Certains spécialistes pensent qu'au moins un million d'espèces, sans doute bien plus même, attendent encore d'être révélées ; et de nouvelles variétés naîtraient pour ainsi dire en permanence !

Aucun chiffre ne pourrait donner une idée réaliste du nombre d'insectes qui vivent aux quatre coins du globe. Le nombre de fourmis et de termites peuplant quelques dizaines d'hectares de forêt tropicale se chiffre par millions et leur poids total dépasse à lui seul le poids total de tous les autres vertébrés, y compris les grands mammifères, qui vivent sur la même parcelle !

Les insectes sont des créatures très anciennes. Ils sont au moins deux fois plus anciens que les plus anciens reptiles, trois fois plus anciens que les plus anciens mammifères. Tous les insectes actuels sont issus de quelques lignées primitives apparues il y a des millions d'années. Les scientifiques pensent que ce sont des vers primitifs qui ont donné naissance aux insectes, mais aucune preuve formelle n'a jamais pu être présentée sous forme de fossiles datant de ces époques lointaines.

Près de 300 millions d'années d'évolution ont permis l'apparition non seulement d'un nombre fantastique d'espèces mais aussi d'une variété presque inimaginable de comportements : on connaît des insectes maçons, d'autres agriculteurs, d'autres encore élèvent d'autres insectes ; certains insectes en tiennent d'autres en esclavage, la structure sociale des espèces hautement sociales ressemble à bien des égards à celle des hommes...

▼ larve de trilobite

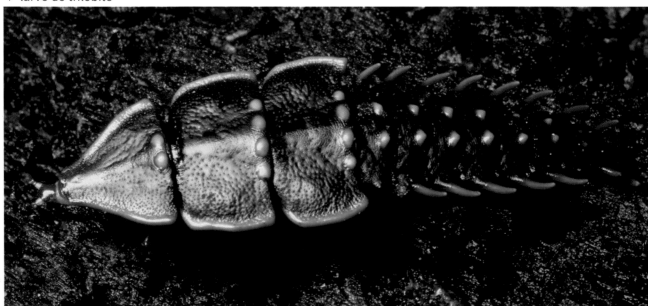

▲ libellule

▼ bourdon

▼ bousiers

▲ atlas géant

Les insectes actuels se caractérisent par leur taille modeste comparée à celle des animaux vertébrés. Les plus petits sont tellement minuscules qu'ils pondent leurs œufs dans les œufs d'autres insectes pour que leurs larves puissent s'en nourrir. Les plus grands, des coléoptères et des papillons tropicaux, atteignent tout au plus 20 à 30 cm. Cette modestie dans les dimensions offre aux insectes bien plus d'avantages que d'inconvénients. Dans les temps préhistoriques existaient des espèces beaucoup plus spectaculaires : les plus grands insectes connus étaient des libellules, du genre Meganeura, dont l'envergure des ailes dépassait les 70 cm. Ce sont sans doute ces dimensions exagérées qui handicapèrent de telles espèces géantes au moment où d'autres animaux comme les grands reptiles quittèrent l'élément aquatique pour prendre pied sur la terre ferme et devenir des concurrents implacables.

▲ phyllie géante

Les « anciens »

Les scientifiques classent les insectes en deux grandes catégories, ceux équipés d'ailes (qui représentent la grande majorité) et ceux qui en sont toujours dépourvus. Ces derniers sont considérés comme des descendants directs des insectes les plus primitifs et intéressent donc tout particulièrement les savants qui tentent de retracer leur évolution. Beaucoup de ces insectes aptères mènent une existence discrète sous le sol, ce qui ne facilite pas leur découverte ni leur étude, et de nombreuses espèces restent sans nul doute à découvrir.

Les insectes dépourvus d'ailes regroupent tout au plus quelques milliers d'espèces, largement réparties dans le monde même jusque dans les régions polaires. Les mieux connus sont les collemboles, qui rassemblent près de 2 600 espèces identifiées. Ces animaux, d'une taille ne dépassant généralement pas le demi-centimètre, ne ressemblent pas vraiment aux autres insectes : ils se nourrissent pour la plupart de matières végétales et animales en décomposition, de minuscules champignons, de moisissures ou encore de créatures microscopiques.

Un des collemboles les plus connus dans nos régions est le podure, dont l'aspect rappelle un cloporte : on peut parfois en rencontrer des centaines groupées en masses compactes au bord des étendues d'eau stagnante.

▼ podure

227

L'aile : un bond en avant

L'écrasante majorité des insectes actuels est quant à elle équipée d'ailes, même si de nombreuses espèces n'en possèdent pas au moment où elles quittent l'œuf, les ailes n'apparaissant qu'à un stade ultérieur, après la métamorphose.

L'apparition des ailes a permis aux insectes d'effectuer un énorme pas en avant dans l'évolution. Désormais capables de s'élever dans les airs, ils parvenaient non seulement à mieux fuir leurs ennemis mais surtout à conquérir de nouveaux territoires jusqu'à s'étendre sur la planète entière. Les premiers insectes ailés avaient des ailes rigides qu'ils ne pouvaient replier (les libellules sont les seuls insectes actuels à souffrir encore de ce handicap). Plus tard, les ailes évoluèrent pour acquérir une plus grande mobilité et se replier lorsque l'insecte est au repos. La paire antérieure a durci pour devenir les élytres, tandis que la paire postérieure devenait membraneuse et souple. Les élytres, coquilles dures, sont des boucliers protégeant les véritables ailes, fragiles, lorsque celles-ci sont au repos. Chez certaines espèces, les ailes postérieures ont complètement disparu pour se transformer en massettes, genres de balanciers utiles pour l'équilibre en vol.

▲ syrphe

Comment volent-ils ?

▲ libellule

De par leur petite taille, les insectes sont confrontés à une multitude d'obstacles « gigantesques » comme les tiges, les herbes, les cailloux ou les brindilles, lorsqu'ils doivent se déplacer en marchant sur le sol. Le vol rend ces obstacles dérisoires. Les ailes des insectes font partie du squelette extérieur. Tous les insectes volants pratiquent le vol battu, c'est-à-dire qu'ils battent sans arrêt des ailes : un insecte planeur pourrait sans doute tenir en l'air, mais il constituerait une proie lente et trop facile pour ses prédateurs (autres insectes, oiseaux, chauves-souris). Certains, comme les libellules, sont capables de pratiquer le vol stationnaire (sur place).

Le battement des ailes est très rapide chez les insectes, comparativement aux oiseaux. Chez les espèces les moins performantes, les muscles sont situés dans les ailes membraneuses elles-mêmes. Chez les insectes volants les plus évolués, comme les mouches, les scarabées, les abeilles, les guêpes…, les muscles animant les ailes sont situés dans le thorax et fonctionnent de manière « automatique ». Le cerveau de l'insecte ne pouvant donner des impulsions nerveuses suffisamment rapides pour animer ces muscles à la vitesse nécessaire, le thorax continue à vibrer tout seul entre deux impulsions nerveuses et actionne ainsi les ailes vers le haut et le bas à la vitesse requise. Certains syrphes (mouches à allure de guêpes) peuvent battre des ailes jusqu'à 1 000 fois par seconde ! Les insectes volants les plus rapides (libellules, abeilles, guêpes, frelons, taons, certains sphinx…) atteignent, ou dépassent parfois, les 40 km/h.

Les plus belles ailes au monde

▲ grand mars

▲ grands mars

Beaucoup d'insectes répugnent ou effraient l'homme ; quelques-uns en revanche le charment et le séduisent. C'est le cas notamment des papillons, dont les ailes présentent une palette de couleurs et une diversité de figures qui ne cessent d'émerveiller. La surface des ailes des papillons est recouverte d'une infinité de minuscules écailles qui leur confèrent leur aspect bien particulier. Les plus grands papillons, comme la noctuelle d'Amérique du Sud, certains morphos des forêts tropicales ou les atlas d'Asie, atteignent près de 30 cm ; à l'opposé, les plus petits ne dépassent pas le demi-centimètre.

Les papillons du jour et leurs cousins de la nuit présentent en général des différences notoires. Les papillons de jour replient habituellement les ailes au-dessus de leur corps lorsqu'ils sont au repos (la face inférieure de leurs ailes a un aspect beaucoup moins frappant que la face supérieure et aide les papillons à se camoufler), tandis que ceux de nuit les tiennent généralement étalées. Les ailes des papillons nocturnes sont fréquemment beaucoup plus ternes. Les papillons de nuit filent un cocon, ce que ne font pas les papillons de jour. Enfin, le corps des papillons de nuit est souvent plus volumineux que celui des papillons diurnes : certains sphinx (nocturnes) ressemblent étonnamment à des colibris par la taille de leur corps et par leur façon

▼ porte-queue

▲ bombyx

de voler sur place devant les fleurs qu'ils butinent.

Si les papillons flattent l'œil du poète, tous ne sont pas accueillis partout en amis, comme en témoigneront certainement les agriculteurs et les jardiniers pour les dégâts que certaines espèces peuvent provoquer. Le papillon cendre, un papillon de nuit à l'aspect anodin répandu dans la région des Guyanes, pose un problème d'une autre envergure. Les femelles possèdent sur l'abdomen des poils urticants qu'elles peuvent envoyer dans l'air. Lorsque ces papillons se rassemblent en groupes nombreux, de grandes quantités de poils urticants sont ainsi répandues. Ces fléchettes miniatures provoquent chez l'homme des crises de démangeaisons et parfois des allergies graves connues sous le nom de papillonnites.

▲ monarque

Les coléoptères : champions de la diversité

L'ordre des coléoptères est probablement celui qui a le mieux réussi dans tout le règne animal... Le nombre d'espèces connues, qui avoisine les 300 000, représente plus de cinq fois le nombre total d'espèces de reptiles, d'amphibiens, d'oiseaux et de mammifères réunies ! L'ordre des coléoptères regroupe de nombreux insectes bien connus comme les hannetons, les scarabées, les charançons, les coccinelles... Le point commun de tous les coléoptères est le fait que la paire d'ailes supérieures est transformée en élytres, des coquilles dures qui protègent la paire inférieure, membraneuse et souple. La diversité des coloris mais aussi des formes défie l'imagination. Certains de ces insectes mesurent moins d'un centimètre, mais c'est aussi parmi les coléoptères que l'on trouve quelques-uns des plus gros insectes actuels, comme les lucanes (« cerfs-volants »). Le record est tenu par le titan gigantesque, un coléoptère de la forêt amazonienne dont le corps peut dépasser 20 cm de longueur !

Après les coléoptères, ce sont, en nombres d'espèces, les lépidoptères (papillons) qui dominent, puis les hyménoptères (guêpes, abeilles et fourmis) et enfin les diptères (parmi lesquels les mouches, moucherons et moustiques) : c'est chez ces derniers que l'on trouve le plus grand nombre d'insectes qui représentent des nuisances ou un danger pour l'homme.

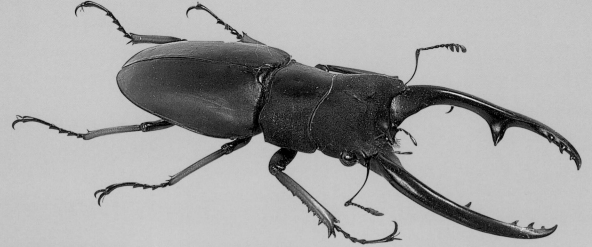

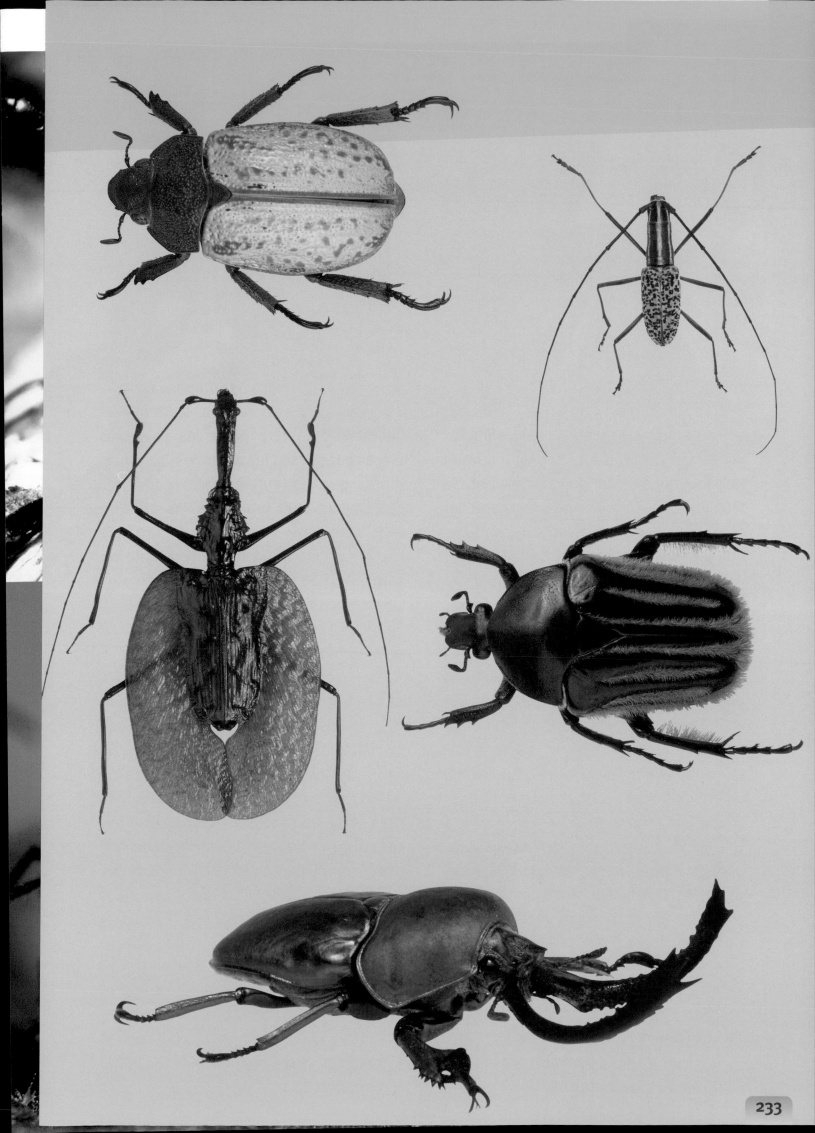

Des sens différents

La vue et l'ouïe ne sont pas d'une grande utilité à l'insecte : la plupart passent leur vie dans un monde obscur et silencieux. L'œil de l'insecte est composé d'une multitude de facettes hexagonales (la libellule en compte jusqu'à 28 000), qui constituent chacune un organe visuel en miniature : c'est pourquoi on appelle les yeux des insectes des « yeux à facettes ».

▲ yeux à facettes de la mouche

Chaque facette capte un fragment du panorama global qui s'offre à l'insecte, ces fragments parvenant tous rassemblés au cerveau de l'animal. Selon la qualité de l'œil (déterminée par le nombre de facettes), l'insecte captera une image plus ou moins nette. Les yeux d'insectes pourtant dotés d'une « bonne » vue, comme l'abeille, demeurent nettement moins performants que ceux des mammifères, et les insectes ne voient bien qu'à faible distance.

Leur perception des couleurs est, elle aussi, très différente : beaucoup d'insectes ne captent pas toutes les couleurs que nous voyons, mais ils sont en revanche sensibles aux rayons ultraviolets, que nous ne percevons pas. Tous les insectes n'ont pas la même perception des couleurs : aucune fleur rouge n'est fécondée par les abeilles, par exemple, car celles-ci ne distinguent pas le rouge du noir ; mais ces fleurs reçoivent la visite de papillons et d'autres insectes pollinisateurs.

Les organes de l'ouïe chez les insectes sont rudimentaires. Seuls quelques-uns, comme les grillons, les sauterelles, les cigales, les criquets et des papillons de nuit, disposent d'organes qui peuvent se comparer au tympan de l'oreille des mammifères (mais qui se trouvent dans les pattes ou l'abdomen chez les insectes !). Les autres vivent dans un monde silencieux, étant au mieux capables de percevoir des vibrations dans l'air ou dans l'eau.

Une bouche transformée

Ce que l'on appelle improprement la « bouche » d'un insecte est en fait tout un appareillage plus ou moins élaboré suivant les espèces : l'appareil buccal. Celui-ci est l'aboutissement d'un long processus d'évolution qui en a fait des outils indispensables à l'insecte. La bouche elle-même n'est rien de plus qu'un trou situé à l'avant du corps et totalement dépourvu de mâchoires et de dents. L'insecte possède en avant de la bouche trois paires d'appareils servant à l'alimentation : les pièces buccales. Celles-ci ont des formes et des emplois très variés d'une espèce à l'autre : elles peuvent faire fonction de ciseaux, tenailles, pinces, dents, marteaux, brosses, scies, griffes, pompes...

Les insectes se nourrissant de matières solides sont en général équipés de deux paires de mandibules assez développées et ressemblant à des pinces, qui leur permettent de saisir leur nourriture (souvent des proies vivantes). Chez les insectes qui se nourrissent de liquides, l'appareil buccal est un tube creux (« trompe ») qui permet d'aspirer ces liquides vers la bouche. L'appareil buccal le plus perfectionné se trouve chez les insectes piqueurs, qui se nourrissent de sang : il est formé par un genre de stylet (étui) contenant plusieurs instruments destinés à palper la peau de la victime pour trouver un endroit favorable, à la percer, à injecter de la salive dans la blessure et à aspirer le sang qui s'en écoule.

▲ criquet ▲ trompe du papillon

Insectes musiciens

▲ cigale de Bornéo

Les insectes qui disposent d'un sens de l'ouïe sont souvent des insectes « musiciens ». Ils n'ont bien entendu pas l'usage d'une voix leur permettant de s'exprimer, mais ils communiquent par des sons avec leurs congénères en produisant des stridulations grâce au frottement d'une partie du corps contre une autre. Tout le monde connaît le « chant » de la cigale, du grillon, du criquet... Les bruits ainsi émis servent principalement à attirer un partenaire pour la reproduction. Chaque insecte reconnaît parfaitement le « chant » de sa propre espèce, et des enregistrements de ces stridulations passés au ralenti ont révélé des variations subtiles, normalement inaudibles pour l'homme. Tous les chants des cigales et autres insectes « musiciens » sont émis uniquement par des mâles adultes.

Pour d'autres insectes dotés d'un certain sens de l'ouïe, celui-ci a avant tout un rôle défensif : c'est le cas des papillons nocturnes qui, bien que muets, possèdent parfois une ouïe développée. Celle-ci leur sert principalement à déceler l'approche de chauves-souris, leurs plus importants prédateurs, en captant les ultrasons émis par le sonar de ces dernières.

Des antennes bien utiles

▼ guêpe

Les insectes comptent beaucoup sur leur odorat : les principaux organes de l'odorat sont les antennes. Chez les espèces dotées d'une vision plus performante, les antennes sont relativement modestes, tandis que chez les insectes presque aveugles, les antennes sont très développées et sophistiquées. Elles peuvent dépasser la longueur du corps de l'insecte comme chez certaines sauterelles, prendre l'aspect de fils garnis de nœuds ou l'aspect de plumets. Les antennes renseignent l'insecte sur une multitude de données : l'odeur, mais aussi le goût, la consistance des objets, des liquides, de l'air. Elles informent les insectes piqueurs de la présence de proies à sang chaud en captant d'infimes variations de température. C'est à l'odeur, captée par les antennes, que les insectes identifient les plantes dont ils se nourrissent ou sur lesquelles ils pondent : certains papillons des jardins ne pondront leurs œufs que sur une seule et même plante, qu'ils reconnaissent grâce au cocktail chimique (« odeur ») dégagé par cette plante.

Les papillons attirent un partenaire pour s'accoupler en envoyant des messages chimiques et une bonne partie de la vie des fourmis est guidée par les messages chimiques que s'envoient les membres de la colonie. Tous ces messages chimiques sont émis et captés à l'aide des antennes. Chez certains insectes, les organes récepteurs de l'odorat et du goût sont situés sur les pattes antérieures : c'est le cas de la mouche domestique (parmi bien d'autres), qui doit donc se poser sur un objet pour pouvoir l'analyser.

Les grands atouts

▲ charançon

Outre le fait, pour la grande majorité des insectes, de posséder des ailes qui leur assurent une certaine suprématie sur les animaux cloués au sol, ils disposent de quelques atouts majeurs qui les avantagent dans la lutte pour la survie. À une exception près, tous les ordres d'insectes qui étaient déjà présents il y a quelque 200 millions d'années sont encore présents de nos jours, ce qui constitue un record que sont loin d'avoir égalé les animaux vertébrés !

Les insectes sont capables de s'adapter à des habitats naturels et à des conditions écologiques incroyablement variés, notamment en se nourrissant d'une diversité d'aliments inégalée chez d'autres animaux. Le squelette externe qui protège l'insecte, constitué à partir de sécrétions de l'épiderme, est d'une robustesse extraordinaire en fonction de la taille et du peu de matière utilisée, et d'une résistance hors du commun à l'action des corps chimiques. Cette armure est en outre imperméable dans les deux sens, ce qui protège l'insecte contre l'excès d'humidité extérieure mais lui évite aussi la déshydratation à l'intérieur. Les tailles modestes de la majorité des insectes leur offrent une sécurité renforcée. Un simple trou, une minuscule fente suffit à l'insecte pour se cacher : un charançon peut ainsi passer sa vie adulte entière à l'intérieur d'une noisette qui lui fournira à la fois le gîte et le couvert.

Des générations rapides

C'est une courte durée de vie qui caractérise de nombreuses espèces d'insectes. Les célèbres éphémères ont reçu leur nom suite au fait qu'à l'âge adulte ils survivent à peine quelques jours. Certains insectes vivent si peu de temps à l'âge adulte qu'ils ne se nourrissent pas et ont perdu la plupart des organes nécessaires à l'alimentation : leur rôle se limite à assurer la reproduction avant de mourir… Beaucoup d'insectes, comme les papillons, ne vivent que le temps d'une saison. Et même les insectes pouvant compter sur une espérance de vie bien plus longue (quelques années) ne tiennent pas la comparaison avec la durée de vie de nombreux animaux vertébrés.

Mais cette courte durée de vie offre, pour l'espèce sinon pour l'individu, un avantage. La rapidité avec laquelle les générations d'insectes se succèdent et le nombre prodigieux de descendants qu'un seul individu peut produire (une seule mouche domestique qui vivrait tout un été pourrait potentiellement engendrer plusieurs millions de descendants !) permettent aux insectes de s'adapter aux conditions changeantes de leur environnement avec une efficacité que ne peuvent espérer les animaux supérieurs. C'est ainsi qu'il suffit parfois de quelques années aux insectes pour développer une immunité face à de nouveaux insecticides destinés à les détruire, pour changer d'aspect ou pour créer de nouvelles souches mieux adaptées à de nouvelles conditions.

▲ coccinelles

▲ éphémère

L' ingénieux "tok-tokkie"

▲ ténébrion du désert

Le ténébrion du désert du Namib, en Afrique australe, est un gros scarabée répandu dans les zones de dunes où la température du sable peut dépasser 50 °C en milieu de journée. Les habitants de la région l'appellent « tok-tokkie » parce que les mâles se frappent l'abdomen pour attirer les femelles en produisant un son qui évoque celui de quelqu'un frappant à la porte. Le ténébrion du Namib résiste à la chaleur en s'enterrant aux heures les plus chaudes et peut rester des mois sans boire. Cet insecte dispose d'une sorte de sixième sens qui le renseigne sur l'humidité de l'air. Lorsqu'une brise humide venue de la mer souffle sur le désert, le ténébrion dresse son abdomen vers le ciel. La vapeur d'eau contenue dans l'air se condense en gouttelettes sur sa carapace : ces gouttelettes perlent alors le long du corps jusqu'à la tête de l'insecte, qui n'a plus qu'à les absorber.

À l'instinct

Les insectes ne voient jamais leurs parents depuis la sortie de l'œuf et ne peuvent souvent pas compter sur des congénères pour leur fournir un quelconque apprentissage.

Qui a par exemple appris à une guêpe ichneumon qu'elle doit capturer une chenille pour la paralyser à l'aide de son venin, l'enterrer dans un trou qu'elle aura elle-même creusé dans le sol puis pondre son œuf dans ce « nid » afin que, dès l'éclosion, sa larve puisse s'alimenter grâce à cette réserve de nourriture paralysée mais encore vivante ?

Les insectes fonctionnent uniquement à l'instinct. Ils ont reçu un genre de bagage de connaissance héréditaire, une carte-mémoire qui leur dicte la réaction à adopter face à telle ou telle situation. Le système nerveux des insectes est compliqué et performant, et leur permet de réagir d'une façon programmée (par réflexes) à de nombreux stimuli sensoriels. Mais les insectes peuvent paraître aussi stupides qu'intelligents : s'ils réagissent parfaitement à une situation programmée, ils sont incapables d'adopter un comportement réfléchi si cette situation vient à changer... Si, au cours d'une expérience, on retire la chenille paralysée par la guêpe solitaire du trou creusé par cette dernière avant qu'elle ait eu le temps de pondre son œuf, la guêpe passera malgré tout à l'étape suivante (la ponte) sans comprendre que la larve sera condamnée à mourir de faim quand elle quittera l'œuf...

▼ Certaines espèces de guêpes solitaires pondent leurs œufs directement sur des chenilles, qui ne peuvent s'en débarrasser. Dès l'éclosion, les larves dévorent ce « garde-manger » vivant.

Invasions de criquets

Les criquets et les sauterelles comptent parmi les plus grands insectes consommateurs de végétaux. Une espèce entreprend, à des intervalles difficilement prévisibles, des migrations massives : c'est le célèbre criquet pèlerin, répandu depuis le sud-est de l'Europe et le Moyen-Orient à travers une bonne partie du continent africain. Les essaims de criquets pèlerins atteignent parfois des proportions effrayantes : les plus gros rassemblent des milliards d'individus et peuvent s'étendre sur plusieurs milliers de kilomètres carrés. Dès qu'ils atterrissent dans une zone suffisamment riche en végétaux, les criquets la dévastent, l'essaim pouvant ingérer plus de 100 000 tonnes de nourriture par jour !

▼ criquets pèlerins

Nectar et pollen

▼ abeille

Des milliers d'espèces d'insectes se nourrissent sur les plantes à fleurs. Les papillons absorbent le nectar, liquide sucré sécrété par celles-ci. Ils sont équipés à cet effet d'une trompe qui leur permet de pomper le nectar au centre de la fleur : chez certaines espèces, la longueur de la trompe équivaut presque à celle du corps de l'insecte, qui la tient enroulée à l'avant de la tête lorsqu'elle n'est pas utilisée. Seuls les papillons adultes se nourrissent de nectar, leurs larves (les chenilles) consommant au contraire des végétaux avec un appétit féroce.

De nombreuses plantes à fleurs dépendent plus ou moins étroitement des insectes pour assurer la pollinisation nécessaire à leur reproduction. Les hyménoptères (abeilles, guêpes...) comptent dans leurs rangs les plus efficaces pollinisateurs des plantes à fleurs. Les insectes adultes se nourrissent du pollen produit par les plantes, qu'ils vont chercher au plus profond du calice de la fleur. En visitant d'autres plantes de la même espèce par la suite, ils déposent involontairement du pollen d'une plante précédente, assurant ainsi la fécondation croisée qui est nécessaire à la plante pour se reproduire. Une seule abeille peut visiter près de 250 fleurs en une seule sortie avant de regagner la ruche ou l'essaim.

▼ papillon

Métamorphose complète

Certains insectes quittent l'œuf en ayant un aspect plus ou moins semblable à celui de l'insecte adulte, sans être passé par des stades intermédiaires : c'est le cas notamment des punaises des végétaux, des pucerons... On parle alors de métamorphose « incomplète » par opposition aux autres insectes qui subissent différentes transformations fondamentales entre l'œuf et l'âge adulte, phénomène que l'on désigne par métamorphose « complète ».

Plus de 85 % des espèces d'insectes subissent une métamorphose complète, c'est-à-dire qu'avant de devenir un « insecte parfait » (soit l'insecte adulte) ils vont passer par différents stades durant lesquels ils ne ressembleront en rien à la forme définitive. La plus célèbre métamorphose des insectes est celle que subissent les papillons : quittant l'œuf sous la forme de larve (une chenille vorace), le futur papillon devient ensuite une nymphe (la chrysalide) enfermée dans un cocon et totalement inactive, avant de « naître » une seconde fois sous la forme du papillon parfait. Parfois, le stade de développement de la larve peut prendre plusieurs années, alors que la vie de l'adulte est extrêmement courte (quelques semaines, voire quelques jours) : chez certaines espèces, le stade adulte ne permet à l'insecte que d'accomplir une seule chose, la reproduction, après quoi il meurt.

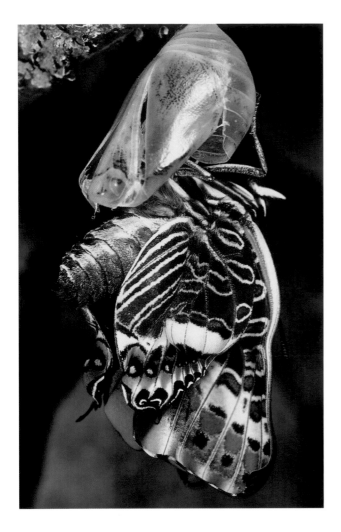

▲ métamorphose d'un papillon

Les scientifiques n'ont pas encore compris tous les mécanismes ayant donné naissance au processus de la métamorphose et ignorent encore quand et pourquoi ce phénomène est apparu. Ils savent cependant que c'est le fait de subir plusieurs transformations fondamentales durant leur existence qui a été un des facteurs de succès des insectes, permettant à la plupart d'entre eux d'être toujours présents aujourd'hui sous une forme qui n'a pas beaucoup changé depuis des millions d'années.

▼ métamorphose d'une cigale

Les insectes sociaux

Les insectes sont majoritairement des êtres solitaires : même s'ils se rassemblent à certains endroits (mouches sur un cadavre ou un crottin de cheval, éphémères dansant en l'air au-dessus de l'eau...), chacun y vaque à ses propres occupations sans trop se soucier des autres. Une minorité d'insectes cependant vit en groupes : tout le monde connaît, par exemple, les guêpes et les frelons, qui se construisent des nids communautaires abritant des dizaines, parfois des centaines d'individus.

Mais aucun n'a poussé le sens de la vie communautaire aussi loin que quelques espèces très célèbres : les abeilles, les termites et les fourmis. Chez ces insectes sociaux par excellence, la vie de chaque individu ne compte que pour autant qu'elle contribue au succès de la communauté et les rôles de chacun sont strictement définis. L'organisation sociale de ces insectes atteint une perfection fabuleuse...

Un ouvrage entier pourrait être consacré à ces créatures fascinantes que sont les abeilles, les fourmis, les termites... Nous nous contenterons ici d'aborder quelques aspects particuliers de leur comportement.

▼ abeilles sociales

Une tâche après l'autre

▲ abeilles prenant soin des œufs

L'abeille sociale, ou abeille domestique, est un des insectes les plus utiles pour la pollinisation de nombreuses plantes à fleurs. Pour l'abeille elle-même, ces plantes sont d'une utilité vitale, puisque toute la vie de l'insecte repose sur le pollen et le nectar de ces végétaux.

Une activité fébrile règne en permanence à l'intérieur de la ruche, sauf en hiver, saison durant laquelle les abeilles se serrent les unes contre les autres pour conserver leur chaleur et leur énergie. Chaque individu femelle va, tout au long de sa vie, s'affairer successivement aux principales tâches nécessaires à la survie de la communauté. Pendant environ deux semaines après sa « naissance » en tant

qu'insecte parfait (la fin de sa vie de nymphe après être sortie de l'œuf), la jeune ouvrière s'occupe des soins aux nymphes encore immobiles dans leur alvéole de cire, prend soin de la reine et des quelques mâles que compte la colonie. Dès que les glandes qu'elle possède sous son abdomen se mettent à produire de la cire, son rôle changera et elle s'occupera de l'aménagement et de l'entretien des rayons (alvéoles) servant à abriter les œufs puis les nymphes. Quelques semaines plus tard enfin, la même ouvrière participe aux sorties hors de la ruche à la recherche de pollen et de nectar, jusqu'à ce qu'elle succombe à l'âge ou – bien plus souvent – à un ennemi.

Les autres invertébrés

Une majorité écrasante

Au moins 99 % des animaux vivant sur la planète sont des invertébrés ! Ces animaux dépourvus de squelette interne soutenu par une colonne vertébrale ne sont peut-être pas ceux qui impressionnent, fascinent ou émerveillent d'emblée la majorité d'entre nous : généralement de taille modeste, d'aspect souvent anodin ou peu engageant parfois, les invertébrés s'illustrent pourtant par une diversité extraordinaire de formes et d'adaptations à des situations. Un seul des 25 embranchements scientifiques des animaux rassemble à lui seul tous les vertébrés, tandis que les 24 autres ne concernent que des invertébrés : c'est dire toute la richesse des ces créatures qui ne cessent de nous surprendre.

Certaines espèces n'ont pour ainsi dire pas changé depuis des millions d'années, d'autres sont apparues plus récemment. Leur fonctionnement, leurs modes d'alimentation, de locomotion, de défense sont variés à l'infini : leur système respiratoire, par exemple, varie de la simple absorption d'oxygène à travers la peau jusqu'aux trachées des insectes et aux poumons véritables des araignées. On trouve parmi les invertébrés des créatures si petites que seuls les microscopes modernes peuvent nous les révéler dans tous leurs détails, tandis qu'à l'autre extrême existent des géants pesant plusieurs centaines de kilos !

▼ anémones de mer et étoiles de mer

épeire ▲
escargot ▼

▲ crabe fantôme
▼ limace de mer

Répandus partout

Des invertébrés se trouvent pour ainsi dire partout sur notre planète et dans les habitats les plus variés, parfois les plus inattendus, mais aussi les plus proches de nous (y compris dans notre propre corps !). La plupart mènent une existence plus ou moins discrète. On trouve d'innombrables invertébrés dans les eaux douces, dans les mers et les océans, tout autant que sur la terre ferme, notamment dans les sols, les feuilles mortes, le bois mort, les cadavres... Enfin, de nombreux invertébrés se sont adaptés à une vie en parasites, internes ou externes, infectant principalement des animaux mais aussi des végétaux.

Bien qu'on trouve sur la terre ferme un nombre important d'espèces d'invertébrés (les vers de terre, les araignées, les escargots... n'en sont que quelques représentants), c'est surtout dans le milieu aquatique et tout particulièrement dans le milieu marin que vit la majorité de ces animaux, un fait somme toute logique si l'on considère le nombre relativement restreint d'étapes franchies sur l'échelle de l'évolution par bon nombre de ces créatures : n'oublions pas que c'est dans la mer que sont apparues les premières formes de vie...

▼ scorpion

▼ méduses

Une classification compliquée

Pour pouvoir classifier les différentes familles d'invertébrés, il faut d'abord connaître les innombrables espèces, découvrir leur mode de vie, identifier les caractéristiques qui les rendent proches d'autres familles, retracer leur évolution jusqu'à un ancêtre commun. Une tâche qui s'avère déjà ardue lorsqu'on a affaire à des animaux tels que les oiseaux ou les reptiles, voire les mammifères, mais qui prend parfois des allures de véritable casse-tête lorsqu'on s'intéresse à des animaux dont l'observation et l'étude s'avèrent nettement plus difficiles ou aléatoires... On comprend dès lors que la classification des invertébrés soit aujourd'hui encore sujette à des discussions, des controverses même, et que différents modèles aient été proposés par les plus grands spécialistes ; l'avancement des sciences et la poussée de certaines technologies apportent certes des réponses mais ne font parfois que repousser des questions !

Nous nous contenterons dans ce chapitre de présenter plus en détail quelques groupes particuliers d'invertébrés, qui rassemblent généralement des espèces mieux connues du grand public, et n'entrerons pas dans des considérations avancées du domaine de la classification et de la taxinomie.

Les principaux embranchements

Les protozoaires

Les protozoaires regroupent les créatures les plus simples, des créatures composées d'une seule cellule. Certains savants ne considèrent d'ailleurs pas les protozoaires comme des animaux à proprement parler. Leur cellule unique est en fait plus compliquée que les cellules des animaux multicellulaires, puisqu'elle remplit à elle seule toutes les fonctions nécessaires à la vie animale assurées par les différents organes et tissus chez ces derniers.

On regroupe en général parmi les protozoaires différents groupes de créatures : les amibes et les flagelles, les ciliés comme la paramécie (qui ont la structure la plus complexe, caractérisée notamment par la présence de nombreux cils), et enfin les apicomplexes, des créatures parasites dont certaines sont responsables de graves maladies, le plasmodium par exemple, agent du paludisme (malaria) qui affecte des millions de personnes dans les régions tropicales.

Les vers plats

Les vers plats sont des créatures primitives que l'on retrouve principalement dans l'élément liquide et qui sont issus d'ancêtres très lointains. Certains sont des prédateurs ou des nécrophages et mènent une existence

paramécies ▼

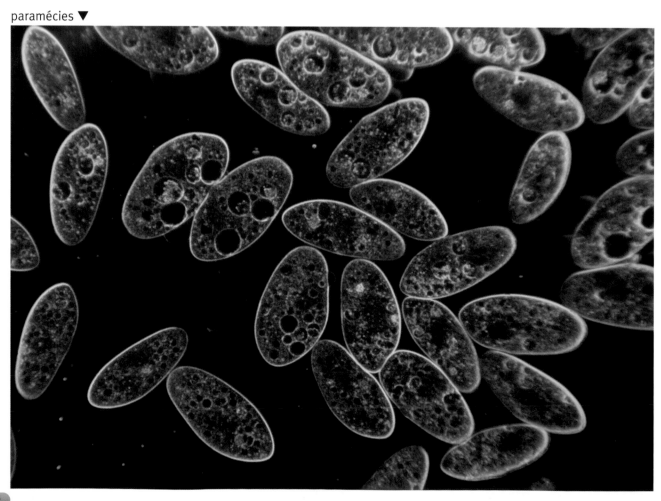

« libre », d'autres sont des parasites internes d'autres animaux et sont donc contraints de vivre à l'intérieur de l'organisme de ceux-ci.

Les vers ronds simples

La majorité des espèces vit dans le sol, à peu près partout sur la planète, et se nourrit de bactéries, d'amibes, de champignons... La taille de ces vers varie d'un millimètre à plusieurs centimètres. Ces animaux primitifs sont nombreux : les spécialistes en ont déjà décrit quelque 12 000 espèces et on estime que le nombre total d'espèces doit se situer aux alentours de 40 000 au moins. Le nombre d'individus quant à lui défie l'imagination : un seul mètre carré de sol forestier tropical peut contenir jusqu'à 20 millions de ces vers !

Il existe également des espèces de vers ronds simples vivant en parasites internes d'autres organismes, végétaux et animaux. Certains de ces vers peuvent affecter l'homme.

Les annélidés

Ce groupe rassemble les vers ronds segmentés ou annelés (par opposition aux vers ronds simples). L'organisme de ces créatures est plus développé : ils possèdent notamment un tube digestif, des muscles, des ganglions nerveux... Chaque segment peut être considéré comme un mini-organisme à part faisant partie d'un même ensemble : chacun de ces segments peut en effet accomplir une partie du métabolisme de manière indépendante des autres. Les plus connus des annélidés sont sans conteste les vers de terre, habitants des sols suffisamment humides, répandus un peu partout dans le monde.

ver de terre ▼

▼ ver marin

Plus de peur que de mal...

Parmi les autres représentants des annélidés figurent les sangsues, à la mauvaise réputation. Ces animaux sont étroitement apparentés aux lombrics (vers de terre) mais ont pourtant des mœurs totalement distinctes. Si l'on trouve des sangsues dans les cours d'eau et les marais des régions tempérées, c'est surtout dans les régions tropicales que ces animaux sont les plus fréquents. Dans certaines régions d'Asie du Sud-Est, les sangsues pullulent durant la saison des pluies, ce qui peut rendre un séjour en forêt assez désagréable. Pour repoussante et déplaisante qu'une morsure de sangsue puisse être, ces animaux demeurent inoffensifs par rapport à quantités d'insectes car ils ne sont porteurs d'aucune maladie infectieuse. Durant des siècles, on a d'ailleurs préconisé en Europe l'usage des sangsues en médecine, pour traiter quantité d'affections à l'aide de saignées. Dans les régions tropicales, seuls les risques d'infection de la blessure provoquée par la morsure de la sangsue peuvent représenter un danger potentiel. Après avoir effectué un copieux repas de sang, la sangsue peut se passer de se nourrir pendant des mois...

sangsue ▼

Les spongiaires

Ce sont des animaux marins primitifs, sans système nerveux ni tube digestif, et dont le corps n'est formé que de deux types de cellules, les cellules externes et internes, séparées par une sorte de mucus chargé de minuscules grains ou de cristaux qui solidifient la structure et lui donnent sa forme.

Les éponges ne possèdent que quelques cellules musculaires et quelques cellules nerveuses très simplifiées. On connaît près de 3 000 espèces d'éponges, dont la plupart vivent dans les mers chaudes à des profondeurs généralement faibles, mais on peut en trouver à 180 m. Les éponges se fixent sur un support dur à l'état de larve et s'y développent : elles sont donc, en règle générale, fixées au même endroit durant toute leur vie. Certaines espèces sont minuscules, d'autres atteignent jusqu'à 2 m de longueur. Les éponges font circuler l'eau à l'intérieur de leur corps : l'eau dépose de minuscules particules alimentaires (algues microscopiques, bactéries...) de même que l'oxygène et ressort de l'éponge chargée des déchets de la nutrition et de la respiration.

Dans certaines parties du monde, comme au Mexique ou aux Bahamas (entre autres), se pratique depuis longtemps la culture commerciale de variétés d'éponges, que l'on obtient en

éponge ▼

coupant un individu adulte en plusieurs morceaux que l'on fixe sur un support dur : chaque morceau continue à grandir pour former une « nouvelle » éponge. La récolte atteint plusieurs centaines de milliers de tonnes chaque année !

éponge ▲

Les cnidaires

Ce groupe comprend les anémones de mer, les coraux, les méduses et les hydres. Ces animaux ne disposent pas de système nerveux central : ils sont plus ou moins fixes (anémones de mer, coraux) ou hautement mobiles (hydres, méduses) mais souvent incapables d'avancer dans une direction particulière, se contentant de se laisser porter par les mouvements de l'eau et les courants. De nombreuses espèces de cnidaires sont équipées de cellules particulières comme des flagelles ou des harpons leur permettant de capturer des proies : beaucoup sont venimeuses. Les cnidaires se présentent sous deux structures principales : la forme « polype » (comme les coraux et les anémones de mer) et la forme « méduse » (méduses, hydres).

anémone de mer ▲

corail ▲

Anémones de mer

C'est sans doute parce que leur apparence et leur coloration rappellent des fleurs que les anémones de mer reçurent leur nom de la part des scientifiques du XVIIIe siècle. Les anémones de mer sont répandues dans presque toutes les mers du globe, depuis les régions côtières jusqu'aux grandes profondeurs.

On pense généralement que les anémones de mer sont fixées pour toute leur vie sur un même support (qu'il s'agisse d'un rocher, du fond de la mer ou parfois d'un autre animal comme un crabe), sans possibilité de se déplacer. Mais en réalité, ces animaux surprenants sont capables de changer d'endroit : certains y arrivent en faisant glisser leur pied en forme de ventouse ; d'autres anémones fixent leurs tentacules sur le fond avant de détacher le pied et d'effectuer une culbute, mouvement répété à plusieurs reprises suivant la longueur du déplacement ; d'autres encore rampent sur le côté et d'autres enfin se laissent flotter entre deux eaux.

Leurs tentacules, qui s'agitent sans arrêt sauf lorsque les anémones se rétractent pour échapper à un danger, sont munis à leur extrémité de petits dards venimeux. Le venin est parfois très actif : celui des plus grandes espèces peut représenter un danger pour un nageur. Les plus grandes anémones de mer, que l'on trouve dans les régions chaudes et qui peuvent atteindre jusqu'à un mètre de diamètre, sont ainsi capables de tuer des poissons de près d'un mètre de longueur ! Après avoir immobilisé la victime, les tentacules dirigent celle-ci vers la bouche de l'anémone de mer afin de l'ingérer.

anémones de mer ▼

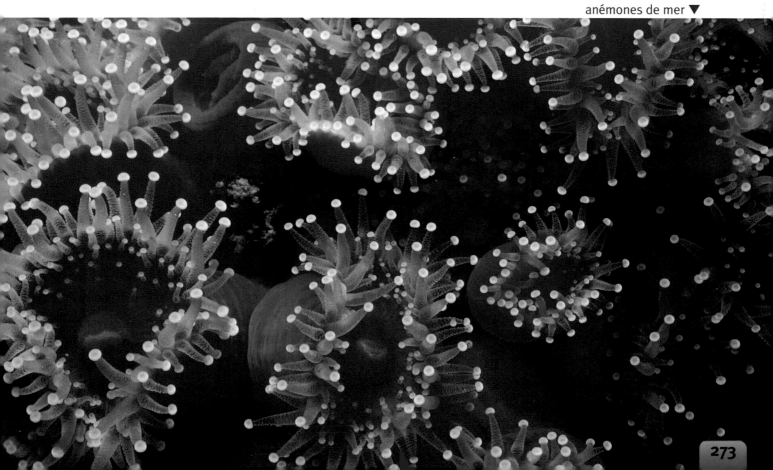

Coraux

Les coraux sont des animaux apparentés aux anémones de mer (polypes). Une grande différence distingue cependant les deux groupes : contrairement aux anémones de mer, les coraux disposent d'un squelette calcaire qui, chez les coraux vivant en groupes, peut apparaître sous des formes très différentes, en coupes, en plateaux, en socles, en tubes, en bouquets, en éventails, en « cerveaux », en « arbustes » ou en « bois de cerf ». La partie intérieure, souple, que l'on appelle le polype fonctionne à la manière des anémones de mer : muni de tentacules armés de petits dards venimeux, le polype de corail immobilise ses proies, toutes sortes de petits organismes marins.

On connaît des coraux solitaires : dans ce cas, un seul polype est fixé dans un squelette calcaire qui lui est propre. Mais de nombreux coraux vivent en groupes. Après qu'une larve, mobile, s'est fixée sur un support, elle se transforme en polype ; apparaît alors sur ce polype un « bourgeon » qui va grandir et prendre la même forme, équipée d'une bouche et de tentacules, mais sans se séparer du polype sur lequel il a bourgeonné. Le processus se répète une infinité de fois, jusqu'à former un ensemble d'une multitude de polypes reliés les uns aux autres et protégés dans un même squelette commun de calcaire : c'est ainsi que se forment les récifs (ou barrières) de corail. Les communautés de corail

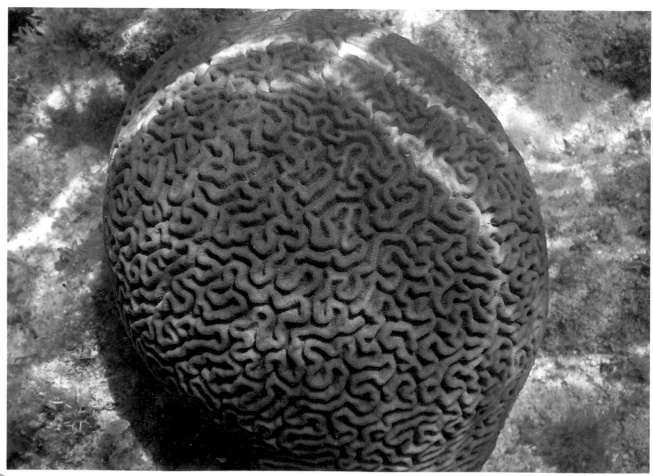

corail cerveau ▲

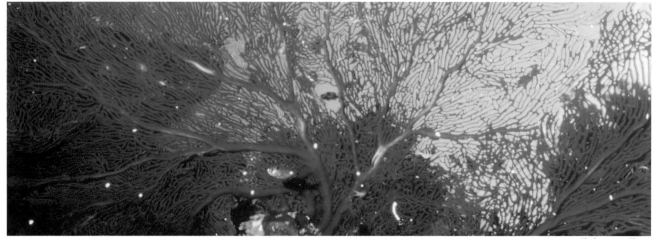

corail éventail ▲

formant des récifs peuvent atteindre des dimensions inimaginables, regroupant des milliards et des milliards d'individus. Le plus grand récif corallien au monde s'étend à quelque distance de la côte nord-est de l'Australie : c'est la Grande Barrière qui s'étire sur plus de 2 200 km de longueur !

Si la plupart des espèces appartiennent à la catégorie que l'on appelle les coraux durs (possédant un squelette calcaire), il existe aussi des coraux mous, dont les polypes grandissent sans être soutenus par une structure en dur. La majorité des coraux vit dans les mers chaudes, mais on a découvert assez récemment des récifs coralliens dans des mers aussi froides que la mer d'Écosse. La grande majorité des coraux se trouve dans des eaux très peu profondes où la lumière abonde. Certains récifs reposent sur des « socles » de squelettes morts épais de plusieurs centaines de mètres : or, le squelette du corail ne croît généralement que de quelques centimètres par an...

corail arbuste ▼

Méduses

Les méduses composent la dernière famille faisant partie des cnidaires. Tout le monde connaît sans doute ces étranges créatures marines en forme d'ombrelle sous laquelle pendent des filaments et qui envahissent périodiquement les eaux côtières de nombreuses régions du monde. Tout comme les autres membres des cnidaires, les méduses sont des prédateurs qui capturent une grande variété de proies, y compris des poissons, à l'aide de leurs tentacules garnis de dards venimeux. On trouve des méduses dans la plupart des mers du monde, mais elles sont surtout présentes dans les mers chaudes. Certaines se déplacent en se propulsant par des contractions de l'ombrelle, en une série de mouvements qui évoquent le vol et ne sont pas dépourvus d'élégance. Beaucoup de méduses effectuent de longues « migrations », portées à la dérive par les courants océaniques.

Le corps des méduses renferme moins de 5 % de matière organique, le reste n'étant formé que d'eau sous forme de gélatine. C'est pourquoi une méduse échouée morte sur la plage « disparaît » rapidement, à partir du moment où toute l'eau dont elle est constituée s'est évaporée suite à l'action du soleil.

méduses ▼

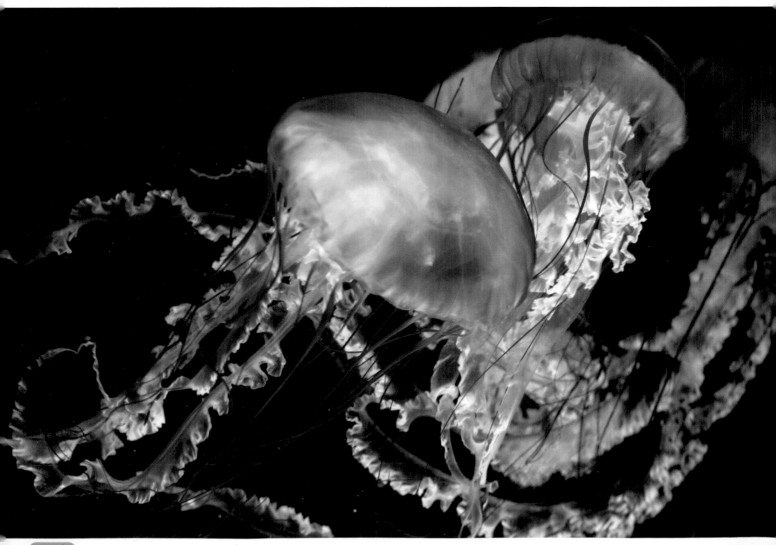

Les plus dangereuses

La physalie (aussi appelée « vaisseau portugais ») est une autre redoutable méduse très particulière. Elle est constituée d'un assemblage de quatre types de polypes. Le premier sert de flotteur, genre de ballon ovale translucide qui la maintient à la surface ; en dessous de celui-ci pendent d'une part des polypes spécialisés dans l'alimentation et d'autres dans la reproduction, et d'autre part des tentacules munis de dards, habituellement enroulés en spirales. Chez les plus grandes espèces, ces tentacules déroulés peuvent atteindre jusqu'à 30 m de long! La piqûre de la physalie peut parfois provoquer un

▲ physalie

Les plus grandes méduses au monde sont la méduse d'Echizen, surtout répandue en mer de Chine et en mer du Japon et qui peut peser jusqu'à 200 kilos, et la méduse à crinière de lion, dont l'ombrelle peut atteindre 2,50 à 3 m de diamètre ! En dépit de leur taille, ce ne sont pourtant pas des espèces dangereuses. Les méduses les plus redoutables, dont le venin est capable d'entraîner la mort d'un être humain, sont les « guêpes de mer », des espèces de taille moyenne répandues dans l'océan Pacifique depuis le nord de l'Australie jusqu'au Japon.

état de choc et entraîner la noyade. Les physalies, habitant surtout les mers chaudes, se déplacent souvent en grands nombres : on observe parfois des « bancs » rassemblant plusieurs millions d'individus.

En dépit de leur venin plus ou moins redoutable, les méduses sont elles-mêmes la proie d'autres animaux marins. Certaines tortues marines, qui ne sont pourtant pas immunisées contre le venin des méduses, n'hésitent pas à en consommer : la grande tortue-luth semble même en faire sa nourriture principale.

Oursins

oursin ▲

Les oursins se caractérisent par une grande variété de coloris : on trouve des espèces noires, blanches, jaunes, rouges, vertes... On en connaît près de 800 espèces largement réparties dans la plupart des mers du globe, à des profondeurs généralement faibles (bien que certaines espèces se rencontrent de 200 à 500 m). Les oursins sont munis de cinq dents verticales situées autour de l'orifice qui leur sert de bouche : certaines espèces qui se fixent dans des rochers utilisent ces dents... pour creuser ces roches tendres et aménager une cavité ! Ils peuvent également percer la roche, et même des structures artificielles en acier, en les usant à l'aide de leurs piquants. Leurs dents leur servent aussi à mâcher les algues dont ils se nourrissent, en même temps que de petites particules animales.

Étoiles de mer

Certaines étoiles de mer des régions chaudes sont de véritables petits joyaux de formes et de couleurs. Regroupant près de 2 000 espèces largement répandues (surtout dans les régions tropicales du Pacifique), les étoiles de mer comptent en général cinq bras, mais des espèces en comptent moins et d'autres beaucoup plus (jusqu'à cinquante !). Les plus grandes espèces approchent un mètre de diamètre. Ces animaux singuliers peuvent se fixer pour de longues périodes sur un support dur, mais se déplacent également en mouvant chacun de leurs bras dont la face inférieure est munie de petites ventouses : elles peuvent ainsi parcourir quelques dizaines de centimètres à l'heure (le record enregistré étant de près de 2 m en une heure !).

L'alimentation des étoiles de mer est variée, mais comprend principalement des proies vivantes : certaines espèces s'en prennent aux oursins ou aux mollusques (coquillages). Une des particularités les plus remarquables de ces animaux marins est le pouvoir de régénération des tissus, qui est extraordinaire. Si on arrache les cinq bras d'une étoile de mer, chacun de ceux-ci pourra se transformer en une nouvelle étoile de mer parfaitement formée (pour autant qu'un morceau du corps central soit resté attaché à chacun des bras arrachés) ! Contrairement à ce que croient certains, ces échinodermes ne sont pas venimeux.

▼ étoile de mer

Concombres de mer

Les holothuries (ou concombres de mer) forment un groupe particulier d'échinodermes. La plupart de ces animaux mènent une existence discrète sur les fonds marins ; les uns s'enterrent, d'autres se fixent sur des rochers ou dans des crevasses, mais la plupart rampent lentement sur le fond en filtrant la vase ou le sable pour en retenir de fines particules nutritives végétales ou animales.

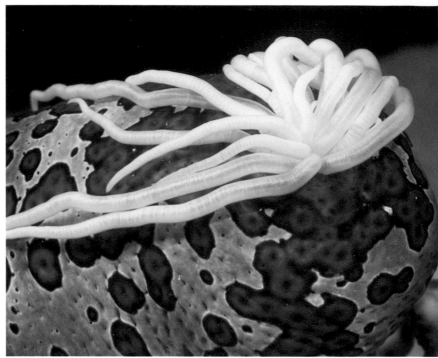

holothurie ▲

Ces animaux aux couleurs généralement ternes sont la proie d'étoiles de mer, de poissons et d'autres prédateurs marins. Leur faible capacité de mouvement et l'absence de carapace dure ou de piquants fait des concombres de mer des proies faciles : mais ils disposent de moyens de défense très particuliers.

Certaines espèces projettent (toujours par l'anus) du poison sur leurs agresseurs, d'autres de longs filaments très gluants dans lesquels s'empêtre le prédateur. Il leur arrive parfois même d'éjecter une bonne partie de leurs organes internes... qui se régénèrent rapidement par la suite !

holothurie ▲

Les mollusques

L'embranchement des mollusques, un des plus anciens et des plus nombreux du règne animal (on en connaît près de 140 000 espèces), comporte 3 groupes : les mollusques bivalves (huîtres, moules, coquillages...), les gastéropodes (limaces et escargots) et les céphalopodes (calmars, pieuvres...).

Les mollusques sont présents pour ainsi dire partout, tant sur la terre ferme que dans les eaux douces et en mer. On trouve des espèces d'escargots jusqu'à plus de 5 000 m d'altitude dans le massif de l'Himalaya et des coquillages à plus de 5 000 m de profondeur dans l'océan Pacifique. Certains évoluent dans des sources chaudes où l'eau atteint 45 °C, d'autres passent l'hiver gelés dans la glace ; et des escargots du Sahara peuvent rester en « léthargie » pendant des années dans une sécheresse totale avant de revenir à la vie lorsqu'une pluie inespérée s'abat enfin.

limace ▼

seiche ▲

pétoncle épineux ▼

Coquillages ou bivalves

Parmi les mollusques, les bivalves (que nous appelons couramment « coquillages ») sont restés primitifs : on y compte des espèces bien connues (dont plusieurs se retrouvent parfois dans notre assiette comme les moules, les huîtres, les bigorneaux...) et d'autres très rares. Ce sont uniquement des animaux aquatiques, dont la majorité des espèces se trouve dans le milieu marin, le nombre d'espèces vivant en eaux douces étant plus limité. Les bivalves possèdent deux coquilles appelées valves, qui sont réunies par une charnière de ligaments et reliées au milieu du dos de l'animal. De puissants muscles permettent de fermer hermétiquement les valves en cas de besoin.

Ils peuvent se fixer sur un support dur à l'aide de leur pied en ventouse ou d'un genre de filament appelé « byssus » (c'est notamment le cas des moules) ; de très nombreuses espèces s'enterrent dans le sable ou la vase, tandis que quelques-unes comme les palourdes se déplacent librement sur le fond.

Beaucoup d'espèces comptent des mâles et des femelles, mais d'autres sont hermaphrodites (un même individu possède des organes des deux sexes) ; d'autres encore, comme les huîtres, sont capables de changer de sexe durant leur vie.

La plupart des coquillages se nourrissent en aspirant l'eau par un siphon et en la relâchant par un autre : ce faisant, ils filtrent les microparticules (plancton) qui y sont contenues. Les mollusques bivalves participent donc à l'épuration des eaux grâce à leur action de filtrage permanent. Mais il existe aussi des espèces qui se nourrissent de détritus organiques ou végétaux plus importants et même des espèces carnivores. Parmi celles-ci, on trouve les cônes, des coquillages atteignant parfois une taille

moule géante ▲

bénitier géant ▲

de plusieurs dizaines de centimètres. Les cônes possèdent un venin efficace, qu'ils injectent dans le corps de leurs proies – dans la majorité des cas, d'autres mollusques – à l'aide d'un véritable dard. Les cônes sont surtout répandus dans les régions tropicales, principalement dans l'océan Indien et dans le Pacifique : le venin de certaines espèces, dont le grand cône géographique, est potentiellement capable de tuer un homme !

Les bénitiers sont les plus grands bivalves : les coquilles de certains spécimens atteignent près de 1,50 m de longueur et on a authentifié des pesées de bénitiers en Australie et en Indonésie dont le poids atteignait les 300 kg !

Escargots et limaces

La plupart des escargots sont terrestres, mais il existe aussi quantités d'espèces fréquentant les eaux douces et marines. Ces mollusques se distinguent par le fait qu'ils possèdent un poumon ; ils sont également équipés d'une coquille de forme plus ou moins hélicoïdale et de deux paires d'antennes rétractiles, la première ayant un rôle tactile, la seconde portant à ses extrémités les yeux. Ce sont des animaux hermaphrodites, mais ils doivent s'accoupler car ils ne sont pas en mesure de s'autoféconder : l'accouplement s'effectue à une vitesse d'escargot... il peut durer jusqu'à quatre heures !

De nombreuses similitudes existent entre les escargots et les limaces : on pourrait simplifier en disant que les limaces sont des escargots sans coquille! Les scientifiques en ont dénombré plus de 100 000 espèces à l'heure actuelle, que l'on trouve aussi bien sur la terre ferme que dans l'élément aquatique et même en mer (les lointains ancêtres des

escargot ▼

limace ▲

espèces actuelles, même terrestres, étaient des animaux marins).

Les spécialistes distinguent différents types de limaces. Toutes ont une respiration pulmonée, comme les escargots, et chez de nombreuses espèces, on peut clairement voir l'orifice respiratoire qui se présente sous la forme d'un trou de plus ou moins grande dimension situé sur le côté du corps, généralement derrière la tête. S'il est vrai que la grande majorité des limaces ne possède pas de coquille visible, cependant des espèces ont encore un vestige de coquille, sous la « peau » du dos. Chez quelques rares espèces, notamment en Amérique du Nord, on peut encore trouver une petite coquille externe située à l'arrière du dos.

Le manque de coquille est-il un avantage ou un inconvénient ? Il est clair que les limaces sont exposées à un nombre plus important de prédateurs que les escargots (eux-mêmes déjà convoités et consommés par de nombreux autres animaux !) et que le manque de coquille pour se retrancher les oblige à passer plus de temps à couvert pour éviter de dessécher. Escargots et limaces ne peuvent en effet vivre que dans des milieux suffisamment humides. Mais la limace a l'avantage de ne pas devoir porter en permanence le fardeau que représente le poids de la coquille, ce qui lui permet de s'infiltrer dans des orifices ou des interstices plus petits, ou de partir à l'assaut des arbres (certaines espèces se nourrissent dans les arbres jusqu'à plus de 10 m de hauteur).

Élégantes limaces de mer

limace de mer ▼

Contrairement aux limaces terrestres qui présentent un aspect assez peu attirant, les limaces de mer (ou nudibranches) semblent avoir été créées uniquement pour le plaisir des yeux. Les limaces de mer présentent une gamme infinie de colorations, qui comprend souvent des couleurs vives : la subtilité des formes elle aussi ne connaît pas de limites : arabesques, collerettes, antennes munies de plumets, tout semble avoir été mis en œuvre pour faire des limaces de mer de petits joyaux...

Ces couleurs éclatantes et ces appendices parfois fantaisistes ont cependant un rôle bien précis : mettre en garde les prédateurs. Car en dépit des apparences, les limaces de mer sont bien protégées. Les appendices qui ornent leur dos contiennent en effet des cellules empoisonnées. Le plus incroyable est que ce ne sont pas les limaces elles-mêmes qui produisent ces cellules venimeuses : elles les « volent » à leurs proies, les anémones de mer. Lorsqu'une limace de mer dévore une anémone de mer (après l'avoir enduite dans un mucus qui l'empêche de se défendre), les cellules urticantes de l'anémone ne sont pas digérées par la limace, mais transportées à travers le corps de celle-ci jusqu'à l'extrémité des appendices qu'elle porte sur le dos, où ces cellules « récupérées » sont prêtes à entrer en action contre les agresseurs de la limace !

Pieuvres, calmars...

Les pieuvres, les calmars et les autres espèces apparentées parcourent les océans du monde depuis quelque 500 millions d'années : les scientifiques regroupent sous le terme de céphalopodes les pieuvres, les seiches, les calmars et les nautiles. Ces animaux sont considérés comme les plus évolués des mollusques. Ils vivent uniquement dans le milieu marin, largement répandus dans la majorité des mers du monde à des profondeurs très variables. Toutes les espèces sont carnassières et chassent activement leurs proies.

L'anatomie des céphalopodes est caractérisée notamment par la présence d'un entonnoir, développé à partir du pied ancestral et qui sert en outre à la propulsion, de « bras » couverts de ventouses et qui se terminent en tentacules (les pieuvres en possèdent huit, tandis que les calmars et les seiches en possèdent dix), d'une paire de mâchoires cornées (le « bec » des pieuvres) et d'yeux évolués et performants. Le système nerveux des céphalopodes est développé et le cerveau joue un rôle très important : les capacités de certaines espèces de pieuvres à résoudre des problèmes fascine les scientifiques, qui n'hésitent parfois pas à les qualifier d'animaux doués d'une intelligence véritable.

pieuvre ▼

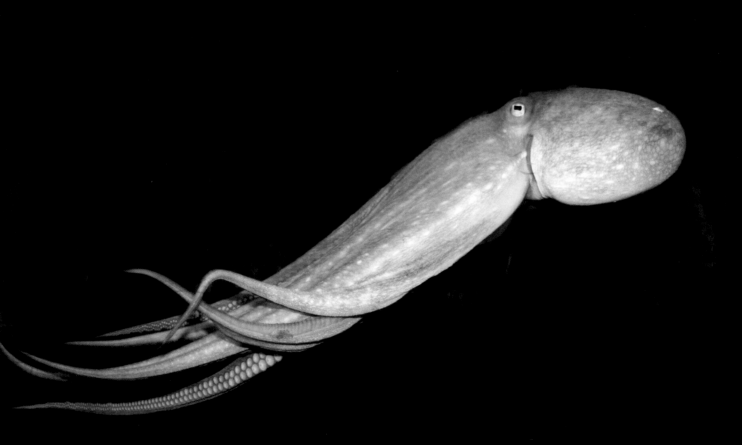

Étonnants nautiles

nautile ▼

Contrairement aux autres mollusques céphalopodes, généralement considérés comme des animaux évolués, les nautiles peuvent être regardés comme de véritables fossiles vivants. Il n'en existe plus à l'heure actuelle que six espèces, toutes répandues dans le sud-ouest de l'océan Pacifique : mais à une époque très lointaine, les nautiles abondaient dans tous les océans.

Ce sont les seuls céphalopodes à posséder une coquille externe spiralée dure. Cette coquille est cloisonnée : certains compartiments peuvent être remplis de gaz contenus dans le liquide corporel, pour aider le nautile à « flotter » entre deux eaux, parfaitement immobile. Pour se déplacer, les nautiles se propulsent par réaction en projetant violemment l'eau qu'ils ont pompée dans le siphon. Contrairement aux autres céphalopodes, les nautiles possèdent de nombreux tentacules, répartis en trois groupes.

Pieuvres magiciennes

Les pieuvres sont maîtres dans l'art de la dissimulation. La structure de leur corps leur permet de se glisser dans le moindre interstice correspondant à leur taille et d'y disparaître. Mais ces mollusques peuvent aussi se confondre parfaitement avec le fond sur lequel ils se cachent, en changeant de couleur de manière presque instantanée à la manière des célèbres caméléons. Certaines parviennent même à changer la structure de leur peau, pour la rendre plus granuleuse, plus terne... et mieux se confondre encore avec leur environnement immédiat. Plus fort encore : certaines pieuvres imitent consciemment et à souhait la forme d'autres animaux marins en modifiant la forme de leur corps... avant de reprendre instantanément leur aspect normal !

pieuvre ▼

Les arthropodes

Les arthropodes regroupent des animaux qui sont parmi ceux que nous apprécions le plus, comme les crabes ou les homards qui flattent la bouche des gourmets, mais aussi d'autres qui comptent parmi ceux que nous détestons le plus, comme les scorpions et les araignées pour le danger (réel ou imaginaire) qu'ils représentent.

L'embranchement des arthropodes regroupe les crustacés, les chilopodes et mégapodes (mille-pattes, scolopendres...), les arachnides (araignées, scorpions...) et les insectes. Les insectes, qui totalisent à eux seuls la grande majorité des arthropodes, font l'objet d'un chapitre séparé de cet ouvrage.

crabe ▲

scorpion ▼

langouste ▲

araignée ▼

Mille-pattes

Ce groupe rassemble des animaux dont le corps est formé d'anneaux multiples possédant chacun une paire de pattes servant à la locomotion. On a généralement tendance à regrouper toutes ces créatures dans un même groupe mais il existe d'importantes différences entre les scolopendres, les iules et les nombreuses autres espèces nettement moins bien connues du grand public, comme les scutigères, les litobies, les géophiles... Au total quelque 3 000 espèces, toutes terrestres, ont déjà été identifiées.

En dépit de leur nom populaire de « mille-pattes », aucun animal de ce groupe ne possède effectivement autant de pattes. Le mille-pattes européen, que l'on peut souvent surprendre en soulevant des pierres ou des morceaux de bois posés sur le sol, ne possède que 31 paires de pattes. Le nombre de paires de pattes dépasse les 170 chez certaines espèces comme des iules, ce qui semble être le record.

Tous sont des carnassiers qui chassent activement leurs proies (principalement d'autres petits invertébrés). Ces animaux sont surtout actifs de nuit : en journée, ils se cachent dans des coins sombres et humides, car leur squelette externe n'est pas recouvert d'une cire protectrice et ils se dessèchent assez rapidement s'ils s'exposent au soleil.

La majorité des espèces possède du venin avec lequel elles tuent leurs proies. L'intensité du venin n'est pas forcément liée à la taille de l'espèce. Les seuls capables de représenter un danger sérieux pour l'homme sont les scolopendres géantes que l'on trouve dans les forêts tropicales.

mille-pattes ▼

Crustacés

Lorsqu'on parle de crustacés, on pense à des espèces marines bien connues comme les crabes, les homards, les écrevisses, les langoustes ou les crevettes. Mais parmi les quelque 55 000 espèces réunies sous l'appellation de crustacés, on compte aussi de nombreuses espèces d'eau douce, comme les daphnies, et terrestres, comme les cloportes. Il existe bien d'autres crustacés moins connus, et certains animaux classés par les scientifiques parmi les crustacés ne ressemblent pas du tout à l'idée que l'on s'en fait généralement : c'est le cas, par exemple, des balanes, ces « chapeaux chinois » que l'on peut souvent trouver fermement accrochés aux rochers en bord de mer ou sur la coque des bateaux, des isopodes qui forent le bois, etc.

Les crustacés se caractérisent par la présence d'un squelette externe très dur

formé de chitine mêlée de calcaire. Ils respirent à l'aide de branchies et leur corps se compose de deux parties : le céphalothorax (tête et thorax réunis en un seul segment) et l'abdomen. Les espèces dites « marcheuses » ont cinq paires de pattes et leurs yeux sont situés au sommet d'antennes généralement repliables : on compte parmi celles-ci à la fois des espèces marines et d'eau douce comme les crevettes, les écrevisses et les crabes, dont on trouve à la fois des espèces en mer et dans les cours d'eau. Certains crabes sont même terrestres : ils creusent des terriers dans le sol pour atteindre une profondeur à laquelle ils trouvent une couche humide.

Des espèces comme les balanes filtrent l'eau pour en retirer des particules nutritives, mais la plupart des espèces sont détritivores, se nourrissant de déchets animaux : les crabes sont parfois

crabe ▼

qualifiés à juste titre d'éboueurs des mers... Certaines espèces possèdent des « dents » à l'intérieur de l'estomac musculaire, qui les aident à macérer leurs aliments. Les crustacés se reproduisent en pondant des œufs qui donneront naissance à des larves : celles-ci subiront parfois plusieurs métamorphoses avant de devenir adultes. Certains crustacés se différencient en deux sexes, d'autres sont hermaphrodites ou changent de sexe durant leur existence : quelques espèces parviennent même à se reproduire sans fécondation !

En grandissant, les crustacés doivent se débarrasser périodiquement de leur carapace devenue trop petite. Après avoir perdu celle-ci, ils se gorgent d'eau et doivent rester cachés quelque temps, en attendant que la nouvelle carapace durcisse.

cloporte ▼

Arachnides

Les arachnides rassemblent près de 80 000 espèces connues, dont une bonne partie compte parmi les animaux les moins appréciés et parfois les plus redoutés par l'homme, comme les scorpions, les araignées, les acariens ou les tiques.

Ces animaux, que beaucoup prennent à tort pour des insectes, se caractérisent principalement par le fait qu'ils possèdent des chélicères (organes en forme de pinces permettant d'amener les proies vers la bouche), qu'ils ne disposent ni d'ailes ni d'antennes, que les sexes sont séparés et qu'ils se reproduisent en pondant des œufs. La plupart se nourrissent d'insectes et d'autres petits invertébrés. La grande majorité de ces animaux mène une existence terrestre très discrète, dans le sol, sous les décombres, dans des cavités : un certain nombre d'espèces a d'ailleurs totalement perdu l'usage des yeux, devenus inutiles dans leur environnement obscur. On trouve des arachnides depuis l'équateur jusque dans les régions proches de pôles. Parmi toutes les espèces connues, on compte près de 50 000 espèces d'araignées et quelque 1 500 espèces de scorpions.

▲ épeire

Scorpions

scorpion ▲

Fréquentant surtout les régions chaudes, les scorpions sont présents aussi bien dans les forêts humides que dans les zones arides. Ils sont généralement actifs de nuit. Rares sont sans doute ceux d'entre nous qui acceptent de reconnaître à ces arachnides des traits sympathiques : pourtant, la parade amoureuse des scorpions s'accompagne souvent de mouvements de danse assez gracieux durant lesquels mâle et femelle tournent en se tenant par les pinces comme le font les amants entraînés dans une valse ! Le mâle emmène ensuite la femelle dans un trou où a lieu le transfert du sperme. Après leur naissance, les jeunes se laissent véhiculer sur le dos de la mère jusqu'à leur première mue.

Araignées

De nombreuses araignées possèdent sous l'abdomen des filières qui produisent de la soie. Beaucoup tissent en permanence un fil lorsqu'elles se déplacent et qui leur sert à se rattraper en cas d'une éventuelle chute, volontaire ou accidentelle. Certaines espèces se tissent un cocon qui leur sert à la fois d'abri et de lieu d'affût. Beaucoup d'araignées emballent leurs proies dans un cocon de soie, afin de les stocker pour les consommer par la suite. Bien des araignées enveloppent également leurs œufs dans des cocons de soie afin de les protéger jusqu'à l'éclosion. La soie sert aussi à voyager : accrochées à un fil de soie, de jeunes araignées se laissent emporter par les vents et peuvent couvrir ainsi des distances inattendues. Enfin, la célèbre toile est un véritable prodige accompli par ces animaux grâce à leur faculté de produire de la soie : la toile représente un des pièges les plus efficaces dont puisse rêver un prédateur...

Toutes les araignées ne se servent pas pour autant d'une toile pour capturer leurs proies. Beaucoup rattrapent leurs victimes à la course (comme les impressionnantes mygales) ou en se tenant à l'affût. Les araignées sauteuses sont capables d'effectuer des sauts remarquables par rapport à leur taille, pour attraper leurs proies. Enfin, quelques espèces fabriquent un genre de filet de soie qu'elles parviennent à lancer sur leurs victimes pour les immobiliser, un peu à la façon des gladiateurs dans les stades de la Rome antique.

▼ araignée sauteuse

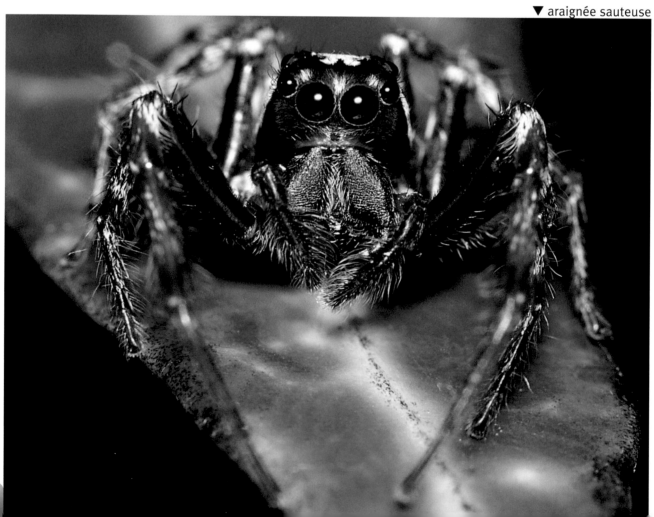

▲ sparassidé

Ils vivent parmi nous

▲ cloporte

Il nous paraît intéressant de mentionner à quel point ces animaux, dont nous nous sentons sans doute les moins proches de par l'aspect ou les affinités, peuvent, eux, être physiquement proches de nous...

Nos maisons hébergent des quantités inimaginables d'invertébrés. Des araignées tissent leur toile dans la cave ou le grenier, d'autres se faufilent à l'intérieur pour passer l'hiver. Des dizaines d'espèces d'insectes peuvent vivre en permanence ou par périodes à l'intérieur de nos murs sous forme d'adultes, de larves, d'œufs : mouches, moustiques, coccinelles ou blattes n'en sont que quelques exemples bien connus. En fouillant l'un ou l'autre coin un peu obscur, nous pouvons souvent y déranger des cloportes, des opilions (faucheux) et quelques petits poissons d'argent (lépismes)...

Mais ces quelques hôtes visibles, que nous acceptons avec plus ou moins de résignation, ne sont rien comparés aux véritables armées de cohabitants clandestins invisibles que nos habitations hébergent : les acariens. Ces minuscules arachnides peuvent vivre par millions dans les habitations : leur apparence révélée au microscope les fait ressembler à des monstres tout droits sortis de contes fantastiques ! Pour la plupart invisibles à l'œil nu (leur taille moyenne avoisine un tiers de millimètre ou moins encore), ces

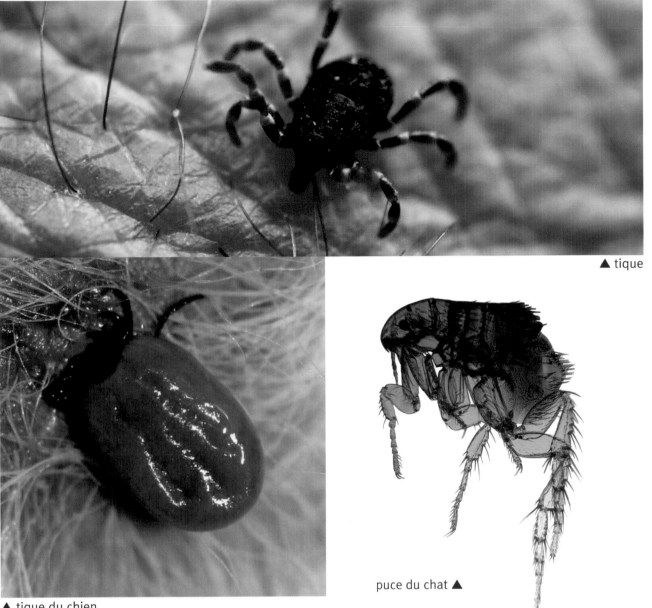

▲ tique

puce du chat ▲

▲ tique du chien

créatures s'installent sur tous les matelas, les oreillers, les coussins, les fauteuils, les tapis et la moquette. Ils se plaisent tout particulièrement dans les lieux poussiéreux. Les acariens se nourrissent de petits déchets organiques comme de petits lambeaux de peau, des morceaux de poils, etc. Un gramme de poussière peut contenir jusqu'à 1500 acariens, un gramme de peau sèche peut en nourrir des centaines de milliers ! Chez de nombreuses personnes, les déjections des acariens domestiques, en suspension dans l'air, provoquent des réactions allergiques.

Des invertébrés ne se contentent pas de s'installer dans nos habitations, ils s'installent sur notre corps ou même dans notre corps ! Songeons seulement aux puces, aux poux, aux morpions et à certains acariens qui sont tous des parasites externes de l'homme. À l'intérieur même de notre corps, nous pouvons héberger des invertébrés tels que les vers nématodes, les ténias, les ascarides… autant de parasites internes qui peuvent parfois déclencher des affections sérieuses.

On se consolera peut-être en sachant que certains de ces invertébrés parasites peuvent… être eux-mêmes parasités par d'autres invertébrés parasites encore plus petits qu'eux, comme des micro-acariens…